Leidinggeven aan Six Sigma

Praktijklessen voor managers en projectleiders

Rini van Solingen

Co-auteurs:
Anne Draisma
Arthur Hartong
Paul Horstink
Freddie Ovinge
Michiel Puttman
Jelle Sytsma
Werner Timans
Johan Vaartjes

Thema, bedrijfswetenschappelijke en educatieve uitgeverij

Cartoons © Auke Herrema (http://www.herrema.demon.nl/)
Opmaak omslag: Drew Adamson, Zaltbommel
Opmaak binnenwerk: Tekst 2000 BV, Houten
Grafische productie: Topline Graphic Consultants, Nuenen

ISBN 978 90 5871 217 2
NUR 801
TREFWOORD Six Sigma (kwaliteitsverbeteringsmethode)

www.thema.nl

VOORWOORD

Na jarenlang commercieel actief te zijn geweest bij General Electric Plastics, werd ik gevraagd wereldwijd leiding te geven aan de productiedivisie van kunststoffen. Invulling geven aan de wens van productiviteit, het verhogen van het investeringsrendement, het bereiken van hogere benuttingsgraden van de investeringen en het aanpassen aan de snelheid van de markt zijn dingen die dan dagelijks aandacht vragen. Om daarin echt vooruitgang te boeken moet je je ontworstelen aan status-quo-denken en moet je paradigma's doorbreken.

De volgende quote wordt toegeschreven aan Einstein: 'De problemen die er in de wereld van vandaag bestaan, kunnen niet worden opgelost met hetzelfde niveau van denken dat ze veroorzaakt heeft.' Dus je moet jezelf er dagelijks toe uitdagen om anders te leren denken. De vraag die zich hierbij opdringt, is: welke methodologie en gereedschappen gebruiken we om dit proces van anders leren denken in goede banen te leiden? Hoe creëren we 'één taal' waardoor er geen spraakverwarring ontstaat in de organisatie en deze gefocust blijft op het doel: het verbeteren van het bedrijfsresultaat en de service aan de klanten? Voor General Electric Company (GE) en dus ook voor GE Plastics werd dit in 1995 gevonden in Six Sigma. Met behulp van Six Sigma hebben we bijvoorbeeld in Bergen op Zoom de productie van Lexan (grondstof voor onder andere dvd's) binnen achttien maanden kunnen verdubbelen zonder noemenswaardige investeringen. Na de successen bij GE Plastics ging ik werken voor Jack Welch om leiding te geven aan het wereldwijd uitrollen van Six Sigma in alle GE-bedrijven. Van creditcardservices tot vliegtuigmotoren, van levensverzekeringen tot wasdrogers, van MRI-scanners tot gloeilampen en van krachtcentrales tot equipmentleasing.

Met behulp van Six Sigma kregen we de tools in handen om de bron van problemen te vinden. Je moet op zoek gaan naar een doorbraak, dus je moet zoeken naar de dieperliggende oorzaak. In mijn jaren bij GE heb ik geleerd dat oplossingsgericht denken een prima karaktereigenschap is van mensen, maar het kan ook een bron van problemen zijn doordat het 'jumping to conclusions' bewerkstelligt. Het is simpel om de meest voor de hand liggende logische oplossing als beste te zien. Niks geen twijfel, niks geen analyse, niks geen causaliteit aantonen. Mijn ervaring zegt dat dergelijke oplossingen altijd fout zijn. Waarom? Heel simpel: als je de oplossing vooraf al weet, dan was er helemaal geen probleem. Dan was het namelijk al opgelost. Het causale verband tussen proces en probleem moet je eerst ontdekken voordat je de oplossing kunt vinden en het probleem wegnemen.

In mijn jaren bij GE lukte het ons bijvoorbeeld maar niet om in de supplychain met enige consistentie orders op tijd te leveren volgens de wens van de klant. We wisten dat onze leveringsprestatie bij onze klanten maagzuur veroorzaakte. Het in beeld brengen van spreiding was op zich al een eyeopener voor de leiding. Die leefden eerst met een 95%+-op-tijd-gevoel. Maar toen het doel werd om te leveren op 'de gewenste datum van de klant', zakte de 95%+-performance naar 60/70/80%. Uiteindelijk viel het kwartje dat er alleen andere oplossingen zouden komen als we hun meetpunten (KPI's) gingen veranderen met daaraan gekoppeld de spreiding: 'SPAN' noemde ik dat. Eerst was, 'op-tijd-zijn-tegen-belofte' belangrijk maar als je te laat was, maakte het niet uit hoeveel te laat. Nu werd het belangrijk om 'op-tijd-te-zijn-tegen-de-wens-van-de-klant' en zeer belangrijk: als je al te laat was, hoeveel je te laat was. Vroeger kon dat oplopen tot negentig dagen; nu mocht dat niet meer zijn dan twee-en-halve dag te laat. Vanuit de exactere beschrijving van het probleem konden we de kritische oplossingen in forecasting, productie-executie, scheduling/planning en warehousing aanwijzen. Dit leidde tot een 97% op-tijd-tegen-de-wens-van-de-klant en maximaal twee-en-halve dag te vroeg of te laat.

Terugbrengen van spreiding zorgt dat je steeds dichter bij het gewenste resultaat komt te liggen. En het vreemde is dat wanneer je spreidingsreductie nastreeft, de processen vanzelf zodanig beter worden dat de complete prestatie stijgt. Toen we dat doorkregen, hebben we bij GE alle spreiding zo veel mogelijk uit de processen gehaald. Niet alleen bij productie, maar juist ook bij sales, human resources, legal, finance, et cetera. Spreidingsreductie bleek dé grootste aanzet tot het oplossen van de grootste problemen. Bij GE Plastics reduceerden we de spreiding van negentig dagen naar vijf. De spreiding bij vliegtuigmotoren daalde van tachtig dagen naar vijf. De spreiding van hypotheekaanvragen reduceerde van 54 dagen naar één dag. Met spreidingsreductie konden we processen eindeloos efficiënter en effectiever maken, met gigantische besparingen (US$ 1,5 miljard per jaar) als gevolg.

Dit boek is een soort reisgids voor veranderingstrajecten. Het beschrijft hoe een goed geleid en uitgevoerd veranderingsproces eruitziet. Dit boek gaat eigenlijk over mijn jaren bij GE. Tijdens het lezen betrapte ik mezelf er regelmatig op dat ik bevestigend zat te knikken. De praktijklessen, ervaringen en succesfactoren zijn 95%+ 'right on the mark'. Ik kan er weinig aan toevoegen en wil de auteurs dan ook feliciteren met dit resultaat. Dit boek is een soort kookboek dat beschrijft hoe u met doelgericht leiderschap een organisatie succesvol kunt veranderen. Dat doet dit boek door een rigoureuze aanpak te promoten. Een aanpak die ik van harte ondersteun en zelf ook gebruik. Verbeteringen moeten snel tot stand komen. Komen ze niet snel, dan komen ze nooit. Snelle verbeteringen bereik je alleen door effectief in te grijpen. Dit boek geeft daarvoor de handvatten. Het is en blijft echter een kookboek: u leest het en laat u erdoor inspireren. Pak die zaken op die u nodig hebt en laat die dingen liggen die u niet nodig hebt. Trap niet in de valkuil om dit boek te zien als een methode die u zonder nadenken stap voor stap moet nalopen om zonder problemen tot succes te komen.

Dit boek benadrukt twee belangrijke aspecten van verandering: de rol van leiderschap gezien vanuit het CAP-model en de keuze van die éne taal die in dit geval Six Sigma heet. De waarde van dit boek ligt binnen deze context volgens mij in het toegankelijk presenteren van Six Sigma en een uitstekende beschrijving van het leidinggeven aan veranderingsprocessen. De problematiek rond het leidinggeven staat los van de keuze van die ene taal (in dit geval: Six Sigma). Ik ben van mening dat dit boek van gelijke waarde is als u Lean, TQM of andere verbetertoolkits gebruikt. De keuze van de veranderingstaal heeft voor mij te maken met de complexiteit van de veranderingsuitdaging die u aangaat. Voor complexe processen heb ik de kracht van Six Sigma leren kennen, voor het uitlijnen van een chaos op de productievloer heb ik Lean en Lean Six Sigma effectief gebruikt en voor het verbeteren van complexe crossfunctional bedrijfprocessen is het destijds bij GE ontwikkelde Business Process Excellence als toolkit uiterst effectief gebleken. Het gaat om het probleem dat je in een bedrijf wilt oplossen. Daar zoek je de passende hulpmiddelen bij en die voer je in. Dit boek helpt daarbij.

Als u een veranderingstraject moet leiden in een organisatie, of het nu om Six Sigma gaat of om iets anders, gebruik dan dit boek. Ik ken geen boek dat zo compact en praktisch aangeeft hoe je een verandertraject succesvol laat verlopen. Ik kan het dan ook van harte aanbevelen en ben ervan overtuigd dat de beschreven praktijklessen helpen om snel resultaten te boeken.

Piet van Abeelen – R&G Global Consultants

Piet van Abeelen is managing partner bij R&G Global Consultants, het bedrijf dat hij heeft opgericht om het topmanagement van leidende industriële en financiële bedrijven te adviseren in het tot stand brengen van procesexcellentie om bedrijfsstrategieën uit te voeren. Voorheen was hij vice-president Six Sigma bij General Electric, direct rapporterend aan de GE-CEO's Jack Welch en Jeff Immelt. Gedurende zes jaar is Piet als lid van het hoogste managementteam van GE verantwoordelijk geweest voor het wereldwijde Six Sigma-programma. Piet is bereikbaar via: www.rngglobalconsultants.com.

INHOUD

1 INTRODUCTIE

Het zoveelste boek over Six Sigma?

Voor je ligt een boek over het succesvol leidinggeven aan veranderingstrajecten met Six Sigma. Het bevat ervaringen en lessen uit Six Sigma-verbetertrajecten in de praktijk. Dit maakt het boek in het bijzonder geschikt voor managers, Green Belts en Black Belts, maar ook voor anderen die leiding moeten geven aan veranderingstrajecten die niet met Six Sigma als hulpmiddel worden uitgevoerd.

Nu denk je misschien: alweer een boek over verandering en Six Sigma? Wat voegt dat nu nog toe? Er is toch al veel over geschreven? Er zijn inderdaad veel boeken geschreven. Sterker nog, als je alle boeken over dit thema eerst zou willen lezen, ben je ruim een jaar verder voordat je kunt beginnen. Aangezien veranderingstrajecten vragen om praktijktoepassing, kan dat nooit de bedoeling zijn. Waarom dan dit boek?

Dit boek is eigenlijk geschreven vanuit een reactie op de bestaande boeken. Ondanks al het materiaal blijkt het in de praktijk toch behoorlijk lastig om Six Sigma toe te passen. En dan niet aan de technische kant van Six Sigma (tools en technieken), maar vooral op de borgings- en veranderkundige kant. Six Sigma invoeren in een praktijkomgeving is niet eenvoudig. Het is een lastige en uitdagende klus. Veel veranderkundige aspecten spelen daarbij een rol, terwijl de bestaande boeken maar weinig concrete handvatten bieden.

Dit boek biedt deze hulp wel. Het is geschreven op basis van praktijkervaring bij bedrijven en het beantwoordt de relevante vragen bij de invoering van Six Sigma. Het geeft voorbeelden uit de praktijk voor operationele oplossingen en implementaties. Het boek biedt aanbevelingen, waarschuwt voor bekende valkuilen en presenteert succesvoorwaarden voor implementatie. Het beschrijft tevens een case van de invoering en borging van Six Sigma. Kortom, dit boek biedt inzicht in de praktijklessen van andere bedrijven bij het toepassen en borgen van Six Sigma. Dit boek legt uit hoe een verandertraject geleid moet worden om snel en effectief tot succesvolle resultaten te komen. De praktijklessen in dit boek zijn in het bijzonder geschikt voor Six Sigma-implementaties, maar ook relevant voor het invoeren van andere verbeterhulpmiddelen.

Voor wie is dit boek geschreven?

Dit boek is geschreven voor iedereen die vanuit een leidende rol te maken krijgt met verandering, dus voor managers en projectleiders. In Six Sigmatermen is dit boek bedoeld voor champions, sponsors, Green en Black Belts. Het geeft aanbevelingen voor leiders in Six Sigma-organisaties, helpt hen aan pragmatische oplossingen en waarschuwt voor valkuilen.

Daarnaast is het boek geschikt voor mensen die op basis van leiderschap een organisatie willen verbeteren met behulp van een andere methode dan Six Sigma. Een groot gedeelte van de lessen gaan over het snel en effectief veranderen van een organisatie en zijn daarom breed toepasbaar.

Wat is Six Sigma?

Six Sigma is een verbeterstrategie die tot doel heeft het bedrijfsresultaat van een organisatie te verhogen. Six Sigma doet dit door zeer nauwkeurig aan klantverwachtingen te voldoen. Dit lukt doordat in verbeterprojecten fouten en variatie in processen structureel worden geminimaliseerd. In een continue stroom van verbeterprojecten wordt met behulp van metingen doorgrond hoe processen werken en worden oorzaken van problemen weggenomen. Hiermee worden bedrijfsprocessen structureel en op metingen gebaseerd verbeterd.

Six Sigma stelt de klant centraal. Een fout is alleen een fout als het direct of indirect tot klant*on*tevredenheid leidt. Het uitgangspunt is dat de klant bepaalt of een product of dienst goed is. Dit kan een organisatie namelijk zelf nooit volledig bepalen. Het streven van Six Sigma is om zo nauwkeurig mogelijk aan klantverwachtingen te voldoen. Dit lukt doordat fouten in en variatie van processen tot in het extreme worden gereduceerd. Hoe kleiner afwijkingen van de norm, hoe kleiner de kans op ontevredenheid.

Six Sigma is gebaseerd op de volgende vijf uitgangspunten:

1 De klant en diens tevredenheid zijn belangrijk.
2 Snelheid, kwaliteit en lage kosten bepalen klanttevredenheid en dus ook het bedrijfsresultaat.
3 Het voorspelbaar leveren van snelheid, kwaliteit en lage kosten lukt alleen als processen worden beheerst en variatie en fouten tot in het extreme zijn gereduceerd.
4 Gegevens, data en metingen zijn een basisvoorwaarde om correcte beslissingen te nemen en verbeteringen te realiseren.
5 Motivatie en betrokkenheid van medewerkers en management zijn cruciaal voor succes (empowerment). Leiderschap is onontbeerlijk om een Six Sigma-organisatie neer te zetten.

Six Sigma is midden jaren tachtig ontstaan bij Motorola als oplossing voor problemen met productkwaliteit en klanttevredenheid. Grotere bekendheid van Six Sigma werd verspreid toen General Electric onder leiding van Jack Welch het wereldwijd invoerde en er in korte tijd miljarden mee bespaarde. Andere bedrijven zagen toen de kracht van Six Sigma en het potentieel dat er geboden werd in. Grote bedrijven zoals Xerox, Siemens, Microsoft en vele andere hebben vervolgens Six Sigma opgepakt. Ook in Nederland is van bedrijven bekend dat ze met Six Sigma werken, bijvoorbeeld: GE Plastics, Honeywell, SCA, KLM, Philips, AVEBE, Dyka en Shell.

In de statistiek betekent *sigma* de standaardafwijking: een spreidingsmaat voor afwijking ten opzichte van het gemiddelde van een serie metingen. Letterlijk genomen is zes sigma een foutmaat waarbij het aantal fouten kleiner of gelijk is aan 3,4 fouten per miljoen mogelijkheden op een fout.

Six Sigma als aanpak legt dit niet zozeer op als norm, maar meer als streven. Six Sigma is het label op een aanpak die streeft naar de ultieme variatiereductie en dus naar ultieme kwaliteitsverbetering.

Variatiereductie

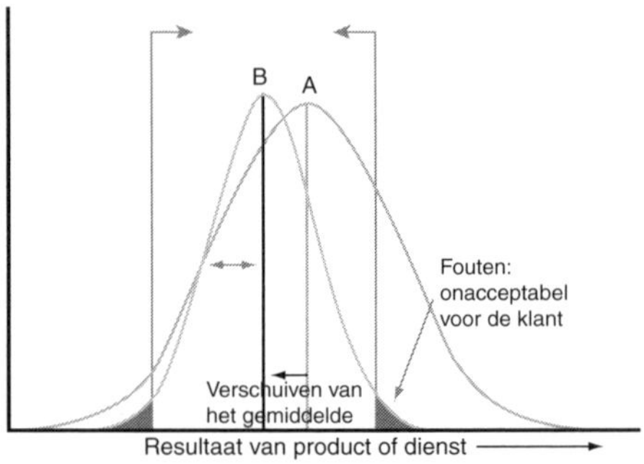

Sigma niveau	Percentage goede producten	Aantal fouten per miljoen producten
1	31%	690,000
2	69.1%	309,000
3	93,32%	67,000
4	99,379%	6,200
5	99,9767%	230
6	99,99967%	3,4

Figuur 1: Six Sigma in puurste vorm: extreem lage standaardafwijking

Six Sigma richt zich primair op variatiereductie. Hoe minder van normen wordt afgeweken, of beter: hoe kleiner de bandbreedte is waarbinnen afwijkingen liggen, hoe voorspelbaarder het eindresultaat is. Aangezien klanttevredenheid (lees: kwaliteit) sterk afhangt van verschillen tussen werkelijkheid en verwachting, stelt Six Sigma tot doel om zo voorspelbaar mogelijk te zijn op alle factoren die klanten tevreden maken. Voorspelbaarheid wordt vergroot door variatie terug te dringen. Incidenteel beter presteren dan normaal wordt binnen Six Sigma dan ook als fout gezien. Dat lijkt vreemd, maar is wel terecht. Op een hoger niveau presteren dan gepland is doorgaans duurder. Daarnaast is het risico van overprestatie ook dat klantverwachtingen worden verhoogd naar een niet garandeerbaar niveau. Het is beter om een continu stabiel vast niveau van kwaliteit te leveren dan om incidenteel te pieken. Immers, na pieken volgen altijd dalen en die leiden tot ontevreden klanten.

Hoewel Six Sigma een geaccepteerd begrip is en velen spreken over 'de Six Sigma-methode', is dit in werkelijkheid eigenlijk niet zo sterk afgebakend. Six Sigma is geen standaard die door een instituut ondersteund wordt. Eveneens is er geen echte eigenaar van Six Sigma of wordt deze onderhouden door een onafhankelijke instelling. Six Sigma is eigenlijk een label op statistisch gebaseerd verbeteren met een streven naar perfectie door variatiereductie. Binnen dit Six Sigma-label zijn veel publicaties, aanpakken, technieken en tools gedefinieerd. In het belang van dit boek moeten we dan ook een keuze maken hoe Six Sigma wordt gezien. Daarom hebben we ervoor gekozen om Six Sigma te presenteren zoals het doorgaans in de praktijk wordt gezien.

Six Sigma wordt daarom in dit boek gedefinieerd als een verbeterstrategie waarin de klant, meten en op statistiek gebaseerd verbeteren centraal staan. Six Sigma bestaat uit: een managementfilosofie (E = Q x A), een verbetercyclus (DMAIC), een ontwerpcyclus (DFSS) en een verandercyclus (CAP). Daarbij geldt sterk dat het geheel meer is dan de som der delen.

DE SIX SIGMA-MANAGEMENTFILOSOFIE

Six Sigma is een managementfilosofie. Six Sigma mobiliseert de eigen verbeterkracht in een organisatie. Dit lukt onder meer door te focussen op de motivatie en eigen inbreng van alle medewerkers om te verbeteren. Het geeft mogelijkheden om effectief verbeteringen te realiseren. De formule E = Q x A (effectiviteit is het product van kwaliteit en acceptatie[1]) staat daarin centraal. Six Sigma geeft iedereen de handvatten en de hulpmiddelen om doelgericht en op feiten gebaseerd problemen op te lossen en prestaties te verbeteren. Het uitgangspunt daarbij is om causale verban-

1 Hierbij willen we wel vermelden dat er een natuurlijke relatie bestaat tussen Q en A, immers een goed voorstel wordt eerder geaccepteerd en andersom.

den tussen proces en bedrijfsresultaat te leren. Dit is een rigoureuze omslag in denken en vraagt om sterk leiderschap. Six Sigma mobiliseert formele en informele leiders, het delegeert verbetermogelijkheden naar alle uitvoerende niveaus. Het zoekt verbeteringen dichtbij de bedrijfsdoelen en klantwensen en stimuleert gedegen onderzoek en 'out-of-the-box' denken.

'Een echte leider gelooft in de formule E = Q x A; dus: Het effect van een verandering is het product van de kwaliteit van de oplossing (Q) en de Acceptatie (A). Ofwel: Een zeer mager idee, bedacht, gedragen en uitgevoerd door de direct betrokkenen (een A van 10!) heeft waarschijnlijk meer effect dan een geweldig idee van de baas dat niet gedragen wordt.'

Bron: Six Sigma Black Belt.

Six Sigma succesvol in een organisatie invoeren gaat het best wanneer het hoogste management het op een top-downmanier implementeert. Het management wordt afgerekend en rekent zichzelf af op de mate waarin Six Sigma succesvol is. Het management is de drijvende kracht achter Six Sigma. Zij zijn de 'champions'. Hun leiderschap is de motor voor verandering.

DE SIX SIGMA-VERBETERCYCLUS: DMAIC

De uitvoering van verbeterprojecten verloopt in vijf stappen, die samen de DMAIC-cyclus vormen:

- *Define*, waarin het verbeterproject zo scherp mogelijk wordt afgebakend. Daarvoor wordt onder meer het probleemgebied in kaart gebracht en worden de eisen van de klant gedetailleerd vastgelegd.
- *Measure*, waarin de huidige procesperformance helder in kaart wordt gebracht met behulp van metingen.
- *Analyze*, waarin de verzamelde informatie wordt geanalyseerd en wordt vastgesteld in welke richting verbetering gezocht moet worden.
- *Improve*, waarin de bestaande situatie wordt verbeterd. Maatregelen om de variatie te verkleinen worden vastgesteld en ingevoerd.
- *Control*, waarin verbeteringen worden geborgd. De beheersingsmaatregelen die ervoor moeten zorgen dat de verbeteringen permanent zijn, worden vastgesteld. Ook wordt gekeken of de financiële doelstellingen worden gehaald.

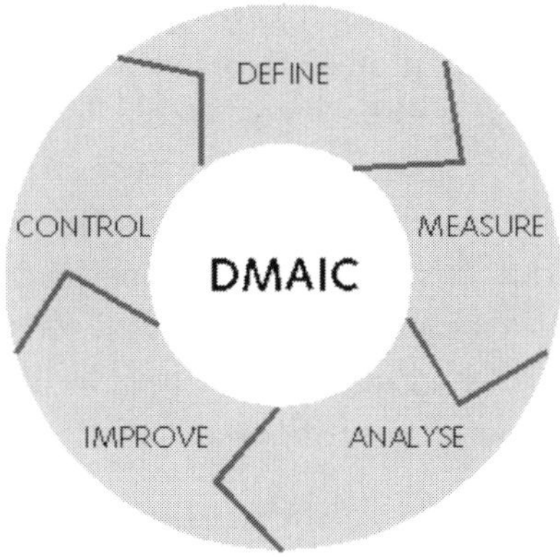

Define	Projectidentificatie, project charter, projectselectie
Measure	1. Selecteer de *Critical To Qualities* (CTQs).[2] 2. Operationaliseer de CTQs. 3. Valideer de meetprocedure.
Analyse	4. Bepaal de procesprestatie. 5. Bepaal de projectdoelstellingen. 6. Identificeer de mogelijke invloedfactoren.
Improve	7. Selecteer de belangrijkste invloedfactoren. 8. Bepaal de relatie tussen de CTQs en de invloedfactoren. 9. Ontwerp verbeteracties.
Control	10. Pas het kwaliteitbeheerssysteem aan. 11. Bepaal de nieuwe procesprestatie. 12. Sluit het project af.

Figuur 2: De Six Sigma-DMAIC-cyclus

2 CTQ - Critical To Quality. CTQ's zijn die zaken die voor een klant direct bepalen of iets kwaliteit is of niet. CTQ's bepalen klanttevredenheid en dus ook klantontevredenheid.

DE SIX SIGMA-ONTWERPCYCLUS: DFSS

De Six Sigma-verbetercyclus (DMAIC) richt zich op het verbeteren van processen die in de praktijk staan en herontwerpt delen daarvan. DMAIC neemt dus een bestaand proces als uitgangspunt. In veel gevallen zal echter een product of proces geheel opnieuw ontworpen worden. Een verbetercyclus als DMAIC is dan minder behulpzaam. Daarom kent Six Sigma ook een ontwerpcyclus: DFSS (Design For Six Sigma). DFSS is de verzameling van methodieken die tijdens product- en procesontwikkeling worden gebruikt in een Six Sigma-organisatie. DFSS helpt bij het zodanig ontwerpen dat aan de basisvoorwaarden voor een goed proces en product al vooraf wordt voldaan.

DFSS is minder strak gedefinieerd dan DMAIC. Verschillende organisaties gebruiken verschillende fasen voor DFSS. De meest gangbare DFSS-cycli zijn:

- DCCDI: Define, Customer, Concept, Design, Implement.
- DMEDI: Define, Measure, Explore, Develop, Implement.
- IDOV: Identify, Design, Optimize, Validate.

Kapstok van dit boek: de Six Sigma-verandercyclus

Dit boek gaat in detail in op hoe je Six Sigma in de praktijk succesvol kunt toepassen. Het antwoord hierop ligt voornamelijk in de randvoorwaarden, die ervoor zorgen dat er snel en effectief wordt veranderd. Het voordeel van dergelijke randvoorwaarden is dat je ze kunt gebruiken om vragen te stellen als: zijn wij wel klaar om Six Sigma succesvol in te voeren? Of: wat moeten we doen om de kans op succes te vergroten? Op basis van de ervaringen bij GE is een model gemaakt dat de belangrijkste randvoorwaarden voor Six Sigma bundelt. Dit model staat bekend onder de afkorting: CAP (Change Acceleration Process).

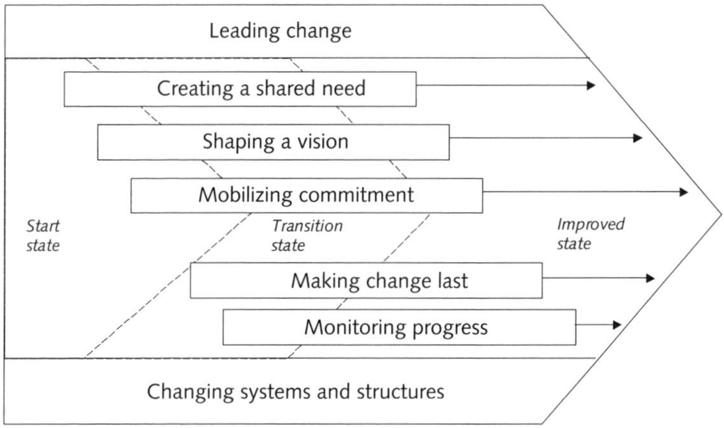

Figuur 3: CAP: Change Acceleration Process

Het CAP-model is een 'veranderingsmodel' dat de cruciale aandachtsvelden voor veranderingsprocessen beschrijft en met elkaar verbindt. CAP bevat zeven aandachtspunten om Six Sigma-programma's succesvol te maken[3]:

- *Leading change*, waarin leiding wordt geven aan veranderingsprocessen met als beoogde effecten: sturing en aanvoerderschap van een verbeterprogramma door de managementverantwoordelijken. Het doel is leiderschap zodanig te activeren dat het de motor van een verbetercultuur wordt.
- *Creating a shared need*, waarin een gedeeld besef van de urgentie van verandering bij alle betrokkenen wordt bewerkstelligd. Bedreigingen van buiten of kansen voor verbetering worden gebruikt als stimulans voor verbetering.
- *Shaping a vision*, waarin een beeld van het gewenste resultaat van het veranderingstraject wordt vormgegeven. Deze visie wordt uiteindelijk door alle betrokkenen begrepen en gedeeld.

3 CAP is slechts één model voor verandering. Internationaal is het model van John Kotter populair (zie zijn boek *Leading Change*) en nationaal komen we het zevenkrachtenmodel van Berenschot regelmatig tegen.

- *Mobilizing commitment*, waarin betrokkenheid wordt gemobiliseerd bij iedereen die voor het behalen van succes cruciaal is.
- *Making change last*, waarin het veranderingsproces in de organisatie wordt verankerd.
- *Monitoring progress*, waarin verbeteringen worden gerealiseerd. Vooruitgang wordt gemonitord door te blijven meten en de meetprocessen worden geformaliseerd.
- *Changing systems and structures*, waarin de nieuwe organisatie-elementen worden geïnstalleerd, zoals processen, rollen en verantwoordelijkheden, die ervoor zorgen dat Six Sigma een vast onderdeel wordt van de normale manier van werken.

Op elk van deze aandachtspunten uit het CAP-model wordt in dit boek in een apart hoofdstuk ingegaan. Het CAP-model is dus de kapstok (of CAPstok) voor de praktijklessen in dit boek. Als elementen uit het model ontbreken in een veranderingstraject, brengt dat het succes in gevaar.

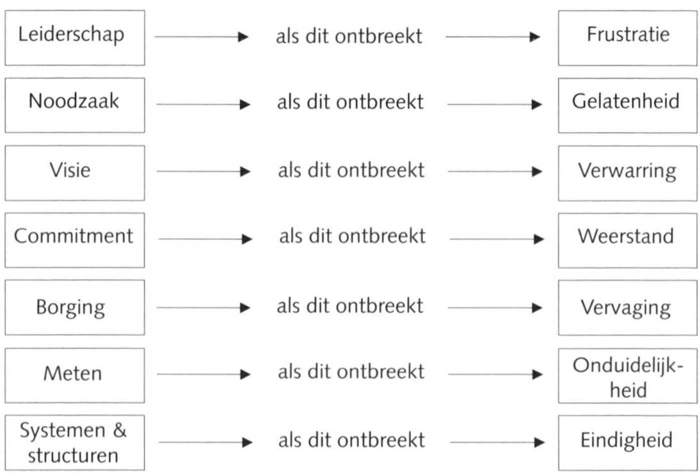

Figuur 4: Effecten van het vergeten van CAP-elementen

Wat is een Six Sigma-organisatie?

Een 'Six Sigma-organisatie' is een organisatie waarin de meerderheid van de medewerkers gedrag vertoont dat is gericht op het continu verbeteren van de bedrijfsprestaties (geen genoegen nemen met status-quo). In een Six Sigma-organisatie worden problemen (incidentele, structurele én ontwerpproblemen) gebaseerd op feiten opgelost. Dit wordt gedaan in alle functies en processen van de organisatie. De (statistische) Six Sigma-tools waarmee de feiten worden onderbouwd, zitten in het basispakket aan vaardigheden van (bijna) iedereen in de organisatie.

In een Six Sigma-organisatie is iedereen continu bezig de kwaliteit van de producten en van zichzelf te verbeteren. Kenmerkend hiervoor zijn:

1. In de processen staan de klanten en hun wensen centraal.
2. Beslissingen worden (vooral) genomen op basis van objectieve criteria (feiten, cijfers, meetbare eenheden).
3. Resultaten (in de breedste zin van het woord) worden zichtbaar gemaakt en mensen durven elkaar erop aan te spreken.
4. Projecten worden strak gedefinieerd, gewenste resultaten worden vooraf doelgericht en meetbaar omschreven.
5. Orde en netheid zijn vanzelfsprekend geworden; werkplekken en werkomgeving zijn ook zo ingericht.
6. De organisatie is primair bezig zichzelf continu te verbeteren.

In een Six Sigma-organisatie is verbeteren een 'way of life' geworden en zijn alle mensen betrokken bij hun eigen werkomgeving en hebben hier direct invloed op. Dat betekent dus eveneens dat iedereen precies weet wat zijn invloed is op het uiteindelijke product dat naar de klant gaat en dus ieders persoonlijke invloed op de tevredenheid van die klant.

'Bij het verbeteren van (productie)processen in ons bedrijf hadden we al snel te maken met het dilemma: wat moet je doen met de capaciteit die overblijft? Het is eenvoudig om een proces op te pakken en drastisch te verbeteren als de drijfveer is het doen van meer werk met dezelfde hoeveelheid mensen. Maar wat nu als er niet meer werk is? Moet je dan de

medewerkers vragen zelf hun processen anders in te richten, zodat je met drastisch minder mensen hetzelfde werk kunt doen en dan vervolgens mensen gaan ontslaan? Bij Toyota hebben ze dat opgelost door heel expliciet te maken dat er twee producten uit hun fabrieken komen: "auto's en verbeteringen". Dat is de enige goede manier om echt medewerking en commitment te krijgen, je kunt mensen niet vragen hun eigen inefficiëntie op te lossen om vervolgens zelf op straat te komen. Waar komen dan de kostenbesparingen vandaan? Met name uit werkreductie, voorraadreductie, kwaliteitsverbetering en dus kwaliteitskostenreductie. Dit leidt vervolgens tot lagere kostprijzen en dus tot meer omzet (met dezelfde hoeveelheid mensen!). Als management zul je dit goed moeten begrijpen en het vertrouwen uitdragen naar de betrokkenen dat hun baan niet direct op de tocht staat.'

Bron: Six Sigma Champion.

Banenreductie

*'Bekijk het ook eens van de andere kant:
je hoeft nu tenminste geen belasting meer te betalen.'*

ROLLEN IN EEN SIX SIGMA-ORGANISATIE

Six Sigma vanuit de managementfilosofie is sterk opgehangen aan het onderscheiden van leiders op de verschillende niveaus. Deze worden onderscheiden aan de hand van *Belts* (Yellow Belt, Green Belt, Black Belt, Master Black Belt).

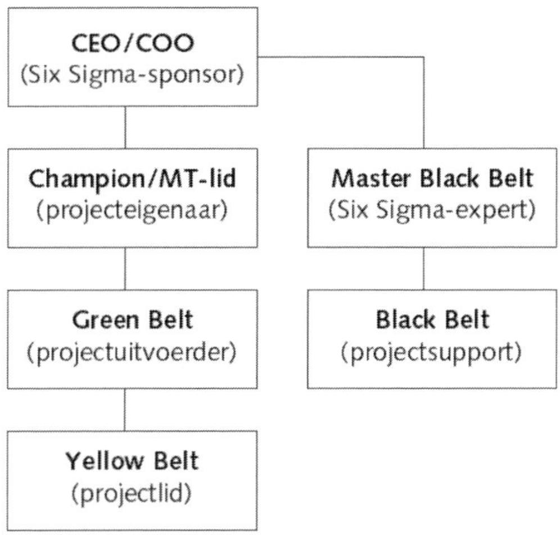

Figuur 5: Six Sigma-rollen

Bij elke van deze belts hoort een specifieke rol met specifieke taken.

- Een Master Black Belt (MBB) is de Six Sigma-programmaleider en interne Six Sigma-goeroe. Een Master Black Belt is geschikt als deze binnen de organisatie als gezaghebbend wordt erkend. Dat komt door persoonlijke vaardigheden en uitstraling, maar ook door een grote mate van Six Sigma-ervaring en een gedegen trackrecord in Six Sigma-programma's. De rol van MBB is de enige rol die door een externe adviseur kan worden ingevuld (en dan alleen tijdelijk).
- Een Black Belt is verbeterprojectmanager, projectauditor en interne coach/adviseur. Een Black Belt implementeert op basis van persoonlijk leiderschap en verantwoordelijkheid Six Sigma in de organisatie. Een Black Belt moet je dan ook selecteren op diens managementpotentie

en contactuele vaardigheden. Een deugdelijke statistische vooropleiding is noodzakelijk. Een Black Belt kenmerkt zich door zijn intelligentie, proactieve werkinstelling, ambitie en gedrevenheid. Black Belts zijn leiders en hebben draagvlak. Een combinatie van leiderschapskwaliteiten en kennis van het bedrijf en de bedrijfsprocessen is dus essentieel.

- Een Green Belt is projectuitvoerder en teamleider van het verbeterteam. Hij heeft dan ook inhoudelijke kennis van de organisatiespecifieke processen die verbeterd moeten worden. Een Green Belt moet je selecteren op diens leiderschapsvaardigheden en verantwoordelijkheidsgevoel. Hij werkt gestructureerd en gedisciplineerd aan een verbeterproject. Statistische basisvaardigheden zijn nodig, maar een Green Belt vraagt wel de hulp van een Black Belt als dat nodig is.
- Een Yellow Belt is lid van het verbeterteam. Een Yellow Belt heeft dan ook uitvoerende ervaring en kennis van het desbetreffende proces dat verbeterd wordt. Daarnaast behoort een Yellow Belt tot de informele leiders en is in staat om anderen te overtuigen.

Moet het alleen Six Sigma zijn? Hoe zit het met Lean?

Six Sigma is slechts één van de aanpakken in kwaliteitsland. Een keur aan andere smaken is voorhanden: ISO9000, Kaizen, TQM, INK, Lean, Theory of Constraints, en ga maar door. Puristen voeren allerhande discussies over de verschillen tussen bijvoorbeeld Lean en Six Sigma. Weer anderen komen met een derde aanpak: Lean Six Sigma, et cetera. Dit boek gaat ervan uit dat dergelijke discussies er eigenlijk niet toe doen. Het praktijkprobleem moet centraal staan en daar moet je de juiste hulpmiddelen bij zoeken (zie ook het voorwoord). In dit boek wordt Six Sigma in de breedste zin gezien als een managementfilosofie om het bedrijfsresultaat te verhogen via het verhogen van klanttevredenheid, en niet in de smalste zin om alleen variatie te reduceren.

Discussies over verschillen tussen modellen en aanpakken zijn leuk voor de theoretici, maar voor dit boek eigenlijk niet zo heel erg interessant. Dit boek wil vooral aangeven hoe een succesvol verandertraject geleid moet worden. Primair wordt dit gedaan voor een Six Sigma-invoering, maar ook voor de invoering van andere aanpakken gelden de in dit boek gepresenteerde principes. Het streven is om kwaliteitsinitiatieven nooit als iets aparts te zien. Uiteindelijk gaat het vaak allemaal om hetzelfde; verhoging van bedrijfsresultaat door het wegnemen van problemen met behulp van gestructureerde procesverbetering. Het is raadzaam om Six Sigma niet te presenteren als het zoveelste traject naast alle voorgaande trajecten. Beter is het om dan lopende initiatieven in het Six Sigma-programma mee te nemen, maar ze wel te laten voldoen aan de Six Sigma-principes.

Is er een weg terug?

Tot slot blijft de vraag of er nog een weg terug is bij Six Sigma. Kun je er als je het oppakt nog onderuit? De boeken over Six Sigma zeggen uiteraard dat er geen weg terug nodig is. Six Sigma leidt namelijk tot zo'n succes dat een organisatie niet terug wil. Echter, alle initiatieven in de praktijk blijken eindig. Er komt een moment dat er minder aandacht is. Om welke reden dan ook. En zodra aandacht verslapt, verdwijnen zaken. Toch is Six Sigma enigszins anders. Ten eerste omdat het een aanpak is die de discipline en het probleemoplossend vermogen van mensen aanpakt. Welke methode er ook gebruikt wordt in de toekomst, de medewerkers in die organisatie hebben statistische en analytische bagage gekregen om gestructureerd problemen aan te pakken en op te lossen. Wat er ook met Six Sigma als programma gebeurt, die menselijke vermogens verdwijnen niet. Verloop zorgt wellicht voor verwatering, maar zolang er doorstroom naar het management is, is er continuïteit. Ten tweede gaat Six Sigma er als aanpak al vanuit dat aparte aandacht van tijdelijke aard is. Een Six Sigma-programma introduceert niet alleen de methode en de kennis, maar past ook het leiderschap en de structuren van de organisatie aan. Een echte Six Sigma-organisatie zal dan ook op termijn geen apart Six Sigma-programma meer nodig hebben. Het moet immers onderdeel van het normale proces zijn geworden. Een Six Sigma-programma is dus per definitie eindig. Het stopt zodra de noodzakelijke aanpassingen aan mensen, systemen, processen en technologie zijn gerealiseerd en de organisatie is omgevormd tot een Six Sigma-organisatie waarin procesverbetering een primair proces is geworden.

Opzet van het boek

Dit boek behandelt de verschillende onderdelen van CAP in de hoofdstukken. In elk hoofdstuk zijn citaten uit de praktijk opgenomen in kaders. Bij deze citaten staan (om redenen van traceerbaarheid van de bedrijven) geen namen maar wel de rollen van deze praktijkmensen. Na de zeven CAP-onderdelen volgt nog een hoofdstuk over de praktische organisatie van een Six Sigma-programma. Naast een nawoord bevat het boek nog een termenlijst, literatuurverwijzingen en een selfassessment voor Six Sigma-leiderschap. Bovendien wordt het onderwerp van elk hoofdstuk geïllustreerd aan de hand van een industriële case. Deze case is fictief, echter direct geïnspireerd door een aantal Six Sigma-programma's uit de praktijk van de auteurs. De case gaat over een broodfabriek.

CASE LEADING CHANGE

Broodfabriek Groetelaers produceert brood voor de detailhandel (supermarkten en grootwinkelbedrijven). Het assortiment bestaat uit een gevarieerd assortiment aan broden. Groetelaers is van oorsprong een familiebedrijf, opgericht in 1950. De laatste vijftien jaar is het bedrijf uitgegroeid tot een onderneming met een sterke marktpositie in heel Europa met een sterke focus op de Benelux. Groetelaers heeft vestigingen in Nederland, België, Tsjechië, Duitsland, Frankrijk en Polen. Het bedrijf heeft wereldwijd ruim 3100 medewerkers in dienst, waarvan 1600 in Nederland en heeft een jaaromzet van ruim 6 miljard Euro. Dagelijks bakken de medewerkers meer dan 20 miljoen broden. Groetelaers is drie jaar geleden begonnen met het invoeren van Six Sigma.

De algemeen directeur van Groetelaers (Frans van Grieten) ziet Six Sigma niet als een methode. Hij ziet het als filosofie; als een manier waarop je in je beroep staat. Hij vindt dat je van werknemers mag verwachten dat ze er alles aan doen om zichzelf en het bedrijf steeds beter te maken. Wel is het volgens hem zo dat je hun daar dan wel de hulpmiddelen en tijd voor moet geven.

Binnen Groetelaers wordt Six Sigma sterk gedragen door het management. De algemeen directeur is zelf de drijvende kracht achter het Six Sigma-programma. Over sponsorschap op managementniveau valt dus niet te klagen. Hij realiseerde zich echter goed dat het heel moeilijk wordt Six Sigma in te voeren zonder de steun van zijn managementteam. Operationele beslissingen krijgen dan namelijk al snel de voorkeur boven strategische. Daarom was het voor hem belangrijk eerst alle afdelingsmanagers mee te krijgen. Dat is gedaan door hen eerst nieuwsgierig te maken door de verbeterprojecten van de Black Belts. Vervolgens is het managementteam opgeleid tot Green Belt. Ze bleken vooral enthousiast voor Six Sigma te worden tijdens het leiden van die verbeterprojecten. Ze leerden dat het werkt. Van deze expliciete keuze om het managementteam zelf eerst op te leiden tot Green Belt heeft Frans geen spijt. Het is een enorm voordeel dat het hele managementteam weet waar ze het over hebben en dat ze echt als voorbeeld dienen.

De transitie naar een Six Sigma-organisatie is soms lastig. Ook de algemeen directeur moet zichzelf dwingen (ook bij crisisbeslissingen) te handelen in de gedachte van Six Sigma. Een op feiten, metingen en praktijkgegevens gebaseerde benadering moet juist door het management in woord en daad worden nagekomen. Dus: geen intuïtieve beslissingen, maar altijd weer de vaste waarden ter discussie stellen en altijd weer vragen om data en feiten. Zonder harde feiten kun je niet beslissen. Dat wil niet zeggen dat emoties niet zijn toegestaan. Wel is het zo dat emotie geen rol mag spelen bij het nemen van beslissingen of bij het beschrijven/bepalen van processen. Dan moet de ratio bepalend zijn en moeten de harde data de doorslag geven.

Black Belts ondersteunen de Green Belts. Deze Black Belts komen uit de eigen geleding en zijn geselecteerd op hun enthousiasme, communicatieve vaardigheden en leiderschapspotentie. Het is zonde eerst veel energie te steken in het opleiden van een Black Belt om er vervolgens achter te komen dat deze niet kan doorstromen naar het management. Bovendien zijn er concrete plannen om de huidige ervaren Black Belts te laten rouleren met zittende afdelingshoofden (Green Belts). Daarmee wordt het draagvlak nog groter gemaakt en bovendien wordt ervoor gezorgd dat de goede Green Belts in het management de organisatie gedurende twee jaar verder gaan helpen in de functie van Black Belt.

Het belang van de Black Belts en Green Belts binnen Groetelaers wordt op de volgende manieren onderstreept:

- De Black Belts rapporteren periodiek direct aan de Raad van Bestuur.
- De Black Belts rapporteren in de lijn direct aan de algemeen directeur; hij is immers eindverantwoordelijk voor continue verbetering.
- Alle Six Sigma-trainingen worden altijd geopend en afgesloten door de algemeen directeur of een plaatsvervangend managementteamlid. Zeker voor de Yellow Belt-trainingen geldt dat het eerste uur plus de

opening van de training altijd door de algemeen directeur zelf wordt gegeven. Daarmee geeft hij een belangrijk signaal af en kan hij zelf de belangrijkste vragen beantwoorden of weerstanden wegnemen.

- Het certificeren van Black Belts en Green Belts wordt ruimschoots gevierd. Certificaten worden uitgedeeld op apart georganiseerde evenementen. Daarmee wordt het signaal afgegeven: dit is echt belangrijk en iets om echt trots op te zijn.
- Bij elke grote bijeenkomst wordt Six Sigma aangehaald en bewierookt. Afgeronde verbeterprojecten worden gepresenteerd en afgeronde opleidingstrajecten worden gecommuniceerd. Het steeds weer herhalen van het belang en de filosofie van Six Sigma is cruciaal.
- Steeds weer wordt het signaal afgegeven dat voor Six Sigma bewust geïnvesteerd wordt. Een concreet voorbeeld daarvan is dat er een aparte trainingsruimte is gemaakt voor de interne Six Sigma-trainingen. Deze ruimte wordt nergens anders voor gebruikt; wat er ook aan de hand is: er is altijd plek om aan Six Sigma te werken of een Six Sigma-overleg te houden.

2 LEADING CHANGE: HET FUNDAMENT ONDER CONTINUE VERBETERING

Leiderschap is het fundament voor een Six Sigma-programma. De motor voor het creëren van commitment in de gehele organisatie moet het management zijn. Als goed leiderschap ontbreekt, is Six Sigma kansloos. Een leider heeft plezier in zijn werk omdat hij mensen dingen ziet bereiken die ze zelf niet voor mogelijk hielden. Dat lukt alleen door een organisatie te kantelen. De macht voor verbetering komt te liggen bij de medewerkers in het proces. Daar zit immers de meeste kennis om dat proces te verbeteren.

Introductie

Als er één term valt wanneer het gaat over succesvol zijn met Six Sigma, dan is het wel leiderschap. Leiderschap wordt vaak aangedragen als de centrale kracht voor verbetering. Het lijkt zo simpel: als mensen goed geleid worden, leidt dit tot succes. Maar is leiderschap eigenlijk wel zo simpel? Bestaat er ook slecht leiderschap? En hoe voorkomen we dat?

Leiderschap is een interessant en veel beschreven thema in de managementliteratuur. Telkens blijkt weer dat het cruciaal is, iets wat je niet zomaar kunt leren, de motor achter winstgevendheid en ga zo maar door. Kortom, het lijkt wel alsof leiderschap het geheim voor succes is. Het lijkt ook wel iets mystieks in zich te hebben, iets ontastbaars. Met dit hoofdstuk proberen we toch het leiderschapsthema wat te concretiseren en op zijn minst uit te leggen waarom het zo cruciaal is voor de implementatie van Six Sigma.

Bij leiderschap in het kader van Six Sigma horen drie principiële vragen:

1 Wat is dat nu eigenlijk, leiderschap?
2 Waarom is dat zo belangrijk voor Six Sigma?
3 Hoe moet je leiderschap invullen om van Six Sigma een succes te maken?

De eerste twee vragen, het 'wat' en 'waarom', worden in deze introductie kort uiteengezet. De derde vraag is het centrale onderwerp van dit hoofdstuk.

WAT IS LEIDERSCHAP?

Allereerst de vraag: wat is leiderschap? De eenvoudigste weg naar een antwoord op een 'wat is'-vraag is nog altijd om het op te zoeken in het woordenboek. *Van Dale* is vrij duidelijk:

lei·der·schap (het ~)
1 het leider zijn.

Daarmee wordt het antwoord dus uitgesteld met de vraag: 'wat is een leider?'

lei·der (de ~(m.), ~s)
1 iemand die leidt, bestuurt => *baas, bovenbaas, meester, oudste.*
2 persoon of ploeg die op de eerste plaats staat in een competitie of wedstrijd.

Een leider is dus iemand die leidt. Maar wat is dat dan: 'leiden'?

lei·den (ov. ww.)
1 (van wegen) zich uitstrekken in de genoemde richting => *gaan, voeren.*
2 een leidinggevende functie hebben => *aan de touwtjes trekken, aan het hoofd staan van, aan het roer staan, de leiding in handen hebben, de scepter zwaaien, de touwtjes in handen hebben, de vlag voeren, het /heft/roer/ in handen hebben, het voor het zeggen hebben.*
3 vooropgaan in een rangorde, wedstrijd of competitie.
4 in een bepaalde richting of toestand brengen => *voeren.*
5 als leven doorbrengen.

Dit lijkt enigzins aan te geven wat leiderschap betekent. Het is dus niet alleen de baas zijn, maar ook richting geven, in een toestand brengen (lees: veranderen), besturen. Leiderschap hoort bij iemand die niet alleen *leiding geeft*, maar ook *de leiding neemt*. Hierbij hoort daadkracht en initiatief, het vooropgaan in de strijd, de aanvoerder zijn. Leiderschap vraagt om daadkracht, volharding, visie en de wil om te veranderen.

Leiderschapsvaardigheden

'Mag ik van u een flinke portie daadkracht, initiatief, visie en volharding graag?'

Leiderschap lijkt dus iets wat niet tastbaar is, maar wat je wel kunt voelen. Het is leuk om met een echte leider samen te werken, iemand die je motiveert, inspireert en bij wie je weg gaat met een goed gevoel. Iemand die je scherp houdt, je altijd weer verrast met goede vragen en opmerkingen en iemand die je steeds weer een duwtje in de rug geeft om door te gaan. Kortom: een chef waar je graag voor werkt en bij wie je het gevoel hebt dat het maximale uit je gehaald wordt.

Iemand die veel over leiderschap geschreven en gepraat heeft en het ook heeft laten zien is Jack Welch. Het meest sprekend is wel hoe hij zijn managers (leiders) beoordeelt op 'waarden' (values) die hij belangrijk vindt voor zijn bedrijf (GE). Echte leiders werken en acteren in zijn oordeel volgens deze waarden: vier E's en één P. De vier E's staan voor: Energy, Energize, Edge en Execute. De P staat voor Passion. Energy is wat je uitstraalt; Energize is wat je doet met een groep mensen; je brengt hen in beweging. Edge betekent dat je weet waar de grenzen zijn en die continu blijft opzoeken en probeert te verleggen. Execute houdt in dat je niet alleen praat, maar ook wat voor elkaar krijgt. En Passion? Passie voel je, proef je, ervaar je en enthousiasmeert. Voorbeelden van mensen die met passie over werk, hobby's, familie, vrienden, ervaringen praten, kennen we allemaal wel. Leiders moeten worden beoordeeld op hun waarden, want die zijn eigenlijk veel belangrijker dan het behalen van targets.

'We hebben met ons managementteam de vier E's en één P geadopteerd als onze values om daarmee de kenmerken van leiderschap die wij cruciaal vinden voor ons bedrijf te versterken. Het lijkt in eerste instantie lastig om deze te beoordelen, maar dit valt in de praktijk best mee. Als je in een open sfeer durft te bespreken wat het voorbeeldgedrag is van de E's en P, komen de gezamenlijke voorbeelden zeker naar voren. Het is dan nog maar een kleine stap, die ieder voor zichzelf kan doen, om te bepalen hoe je zelf scoort in vergelijking met het voorbeeldgedrag.'
Bron: Six Sigma Black Belt.

WAAROM IS LEIDERSCHAP ZO BELANGRIJK VOOR SIX SIGMA?

Er zijn verschillende redenen waarom leiderschap zo belangrijk is, bijvoorbeeld voor het voorkomen van weerstand, voor het vrijmaken van middelen of voor het stellen van prioriteiten. Echter de meeste van deze redenen gelden voor veel zaken en niet alleen voor Six Sigma. De vraag blijft dus: waarom vraagt Six Sigma zo expliciet om leiderschap?

De belangrijkste reden hiervoor is dat Six Sigma een specifieke managementfilosofie is die om een cultuurverandering vraagt. Nu is een cultuurverandering per definitie erg lastig te realiseren. Het vraagt om de overtuiging dat succes alleen te bereiken is door het sturen op processen en niet op personele functies. Het vraagt om de overtuiging beslissingen te nemen op basis van data. Met andere woorden: niet leiden op basis van hiërarchie en intuïtie, maar leiden op basis van processen en feiten. Een dergelijke rationalistische aanpak is een significant andere benadering dan de traditionele, op basis van intuïtie en autoriteit. Dat is de reden dat leiderschap essentieel is om van Six Sigma een succes te maken. Een dergelijke omslag breng je namelijk niet tot stand zonder leiderschap.

De invoering van Six Sigma is dus niet alleen een lokale uitbreiding van beschikbare hulpmiddelen met wat kwantitatieve en statistische methoden. Six Sigma zet de hele wijze hoe met problemen wordt omgegaan, hoe verantwoordelijkheden liggen, hoe mensen zich opstellen, hoe op resultaat gestuurd wordt, op zijn kop. Bij een dergelijke doorbraak van denkpatronen, gebruiken en cultuur is leiderschap cruciaal. Weerstand is de grote vijand van verandering. Dus als de verandering rigoureus is, zijn de tegenkrachten van gelijke sterkte. Het enige medicijn om weerstand te voorkomen is leiderschap. En daarom is het zo belangrijk bij het invoeren van Six Sigma.

HOE ZIET LEIDERSCHAP ERUIT BINNEN EEN SIX SIGMA-ORGANISATIE?

Het 'hoe' van leiderschap is niet kort en eenvoudig te beschrijven. Verandering begint vanuit een gegeven startpunt en dat startpunt is voor iedere organisatie en voor iedere persoon anders. Vandaar dat het onmogelijk is in dit boek een eenvoudig recept te geven voor het 'hoe' van Six Sigma- leiderschap. Wat wel mogelijk is, is het bespreken van praktijkervaringen en de aandachtspunten voor de leider in een Six Sigma-programma af te leiden. Daarnaast is het ook mogelijk praktijkvoorbeelden te geven.

'Bij de implementatie van Six Sigma in ons bedrijf gebruikten we vaak de metafoor van het verkondigen van een nieuw geloof. De CEO was onze drijfveer en de Black Belts waren zijn missionarissen. Het klinkt raar, maar het voelde wel zo. Zoals ook met de missionarissen, werden we niet altijd gewaardeerd en erkend, zeker in het begin. Op dat soort momenten is leiderschap nodig om wegen vrij te maken. Onze Amerikaanse collega's noemden ons als Black Belt dan ook: Road Block Busters.'

Bron: Six Sigma Black Belt.

Het invullen van leiderschap in de praktijk is het onderwerp van de rest van dit hoofdstuk. We doen dit aan de hand van drie onderwerpen:

- *Rol van het management,* waarin vragen worden beantwoord als: 'Welke functie vervult een manager? Hoe krijg je managers zover dat ze deze rol gaan vervullen? Wat vraagt Six Sigma van managers?'
- *Management van een Six Sigma-organisatie,* waarin vragen worden beantwoord als: 'Welke organisatievorm past bij een Six Sigma-organisatie? Wat zijn de belangrijkste taken van het management in een Six Sigma-organisatie? In welke vorm moeten managers betrokken zijn bij Six Sigma? Hoeveel tijd en aandacht vraag Six Sigma van het management?'
- *Gedrag van het management,* waarin vragen worden beantwoord als: 'Welk voorbeeldgedrag is nodig voor managers? Welke vragen stelt een manager aan zichzelf en zijn omgeving?'

Rol van het management

Aanmoedigen, ondersteunen, kritisch meedenken, actief promoten en data en feiten vragen zijn belangrijkste taken van het management in een Six Sigma-programma. Daarnaast moet het management het goede voorbeeld geven en zich kwetsbaar durven opstellen.

AFDWINGEN VAN BESLISSEN OP BASIS VAN FEITEN EN DATA

Het oppakken van Six Sigma is voor het merendeel van de organisaties een vrij ingrijpende aangelegenheid. Organisaties moeten leren om over te schakelen van het nemen van beslissingen op basis van ervaring en (onderbuik)gevoel, naar het nemen van beslissingen op basis van data en feiten, maar eigenlijk nog: het *laten* nemen van beslissingen op basis van data en feiten. Wanneer er goed onderzoek gedaan is naar wat nu eigenlijk echt het probleem is en de oplossingen onderbouwd zijn met meetgegevens, hoeft de verantwoordelijke manager eigenlijk helemaal geen besluit meer te nemen, maar is het triviaal voor alle betrokkenen wat het juiste besluit is. Een kernelement van Six Sigma is dus dat beslissen een rationeel proces wordt in plaats van een individuele taak van een manager. Sturen op feiten is daarin een crux. Aannemen dat medewerkers wel weten hoe de vork in de steel zit, is onjuist: er moeten feiten op tafel komen. Zonder feiten en data kan er geen beslissing genomen worden. Hiermee worden medewerkers gedwongen data te verzamelen en te analyseren, en dus te leren alvorens te veranderen.

'Het gevolg van die verandering bij het management is, dat in onze organisatie duidelijk gemaakt werd dat bij het nemen van beslissingen er feiten op tafel moesten komen. Daarnaast realiseerde het management zich dat het op tafel krijgen van feiten geen natuurlijk gedrag is voor de meeste mensen. Dit betekende dat veel aandacht werd besteed aan de methoden (zoals DMAIC voor verbeterprojecten), de training van die methoden en coaching van de mensen die het moesten doen. Met één keer zeggen "zo moet het" was ons management er niet. Ten slotte zorgde ons management voor goed afgebakende verbeterprojecten die in een redelijk korte tijd konden worden uitgevoerd. Er kwam na verloop van tijd een ritme, een cadans, in onze organisatie van: probleemdefinitie-analyse-aanpak-resultaat. Het management nam daarin het voortouw en verdeelde het werk in kleine stappen en had het geduld (en de moed) om ondanks alles te volharden.'

Bron: Six Sigma Master Black Belt.

PROMOTEN VAN SIX SIGMA IN COMMUNICATIE EN GEDRAG

Het management moet Six Sigma actief promoten. Enerzijds door het belang van Six Sigma voor de organisatie 'bij elke gelegenheid' aan te halen, door bijvoorbeeld succesverhalen te vertellen of tussentijdse resultaten bekend te maken. Daarnaast vindt promotie van Six Sigma ook plaats door het expliciet te gebruiken. Dit betekent dat in alle mogelijke situaties waarbij er beoordelingen of beslissingen plaatsvinden, er expliciet op rationaliteit wordt gestuurd. De bijbehorende rol van het management is: continu vragen om data en feiten. Het stellen van 'de juiste vragen' is een essentiële taak behorende bij deze rol. Kennis van Six Sigma, ook inhoudelijk, dus minimaal Green Belt-niveau, mag dan ook niet ontbreken. Promotie van Six Sigma door het management zonder dat dit het zelf beheerst, is niet aan te bevelen. Aanwezigheid van (Six Sigma getraind) management in trainingen is tevens essentieel. Dit kan door het openen en afsluiten van de trainingen, maar ook door het zelf verzorgen van (een deel) van de trainingen.

'Bij ons bedrijf werd Six Sigma geïmplementeerd in een grote bezuinigingsronde. Ondanks dat er veel mensen het bedrijf moesten verlaten, verkoos de CEO toch dit moment om Six Sigma te lanceren en zes extra mensen aan te nemen (uit de organisatie) die in een aparte staforganisatie Six Sigma gingen implementeren en dit rechtstreeks aan hem rapporteerden. Natuurlijk moest hij erg vaak verdedigen hoe dat toch kon. Hij gaf ons veel vertrouwen door continu te blijven benadrukken dat dit een kortetermijninvestering was, die zich binnen een jaar ruim zou terug verdienen. Dat is inderdaad ook zo gebleken. Met zes Black Belts hebben we het eerste jaar acht miljoen euro besparing gerealiseerd.'

Bron: Six Sigma Black Belt.

Het management heeft een voorbeeldfunctie: het management moet zelf handelen naar de 'gedragslijnen' die het met Six Sigma probeert te introduceren. Dus beslissen gebaseerd op feiten en niet op intuïtie. Maar ook: orde en netheid, je houden aan afspraken, et cetera. Tevens geldt dat verbeterprojecten een hoge prioriteit krijgen: het uitvoeren van een verbeterproject is belangrijk en moet daarom niet als een klusje tussendoor worden gezien maar als een integraal onderdeel van alle werkzaamheden.

'Dit is een zeer urgent verbeterproject. Er is echter geen budget en het moet morgen klaar zijn. Nu kun je pas echt laten zien dat je een goede Black Belt bent!'

'Mijn ervaring is dat managers heel goed zijn in het woordelijk uitdragen van de Six Sigma-organisatie, vooral als er managementcollega's bij aanwezig zijn, maar achterblijven als het op daden aankomt. Een van de directeuren van ons bedrijf is fantastisch in het articuleren van de noodzaak voor Six Sigma. Uit zijn gedrag blijkt echter dat het voor hem niet de hoogste prioriteit heeft. Een voorbeeld van dergelijk gedrag is dat zijn afdeling ver achterblijft in het beschikbaar stellen van Black Belts voor verbeterprojecten. Daarnaast is hij in achttien maanden tijd maar van één verbeterproject de champion geweest en was voor dat verbeterproject ook nog eens nauwelijks bereikbaar. Dit gedrag wordt feilloos opgepikt door de medewerkers onder hem en die veranderen daardoor ook niet. We zien dan ook weinig of geen verbeterprojecten in deze afdeling. Aangezien veel werkprocessen door verschillende afdelingen heen lopen hindert dit ook de implementatie van Six Sigma in andere afdelingen. Je verwacht dat de CEO dit gedrag met harde hand corrigeert, maar hij wil eerst resultaten van Six Sigma zien voordat hij volledig overtuigd is en

het keihard wil afdwingen. We zitten dus met een patstelling, die veroorzaakt wordt door onvoldoende managementcommitment.'

Bron: Six Sigma Master Black Belt.

WELKE VRAGEN MOET EEN LEIDER KUNNEN BEANTWOORDEN?

Van een lijnmanager of manager van een verbeterproject wordt verwacht dat hij altijd antwoord kan geven op de volgende vragen:

1 Wie zijn onze externe en interne klanten en wat zijn hun CTQ's?
2 Wat is onze huidige prestatie ten opzichte van die CTQ's en wat kosten de punten waarop we te laag presteren?
3 Kunnen we de oorsprong van de performance gap met meetgegevens bewijzen? Zo ja, welke oplossingen zijn er en wat brengen ze op? Zo nee, zie punt 5.
4 Waar kan ik door gebruik van Six Sigma-tools en technieken de *biggest bang for the buck* bereiken?
5 Waarom, waarom, waarom en waarom? De belangrijkste reden om 'waarom' te vragen is dat een gedachteproces op gang wordt gebracht bij de betrokken medewerkers om echt tot op detailniveau te zoeken wat het probleem is. Te vaak zien we dat er al veranderd wordt zonder goed te weten wat het achterliggende probleem is.
6 Hoe meet en bewijs ik dat de verbetering werkt en het geld waard is?

*'Wat ik voor onze klanten maak?
Ik maak voornamelijk mijn excuses voor ons product.'*

STIMULEREN VAN VERANDERING EN 'OUT-OF-THE-BOX' DENKEN

Een andere rol die het management moet aannemen is die van stimulator. Stimuleren van het gebruik van de kennis en kunde vanuit alle lagen van de organisatie. Aanmoedigen van ideeën en significante doelstellingen hoort daarbij. Aanvullend daarop geldt dat 'out-of-the-box' denken centraal staat. Daarmee wordt bedoeld dat oplossingen of werkwijzen worden gezocht buiten de geldende paradigma's en gebruiken. Om rigoureuze verbeteringen door te voeren zijn namelijk revolutionaire ideeën nodig.

Ter illustratie een nadenkertje: wat doet iemand die het begrip 'waterkraan' niet kent als hij zijn huis vol water ziet staan? Precies: dweilen! En als er dan nog steeds water staat? Harder dweilen, of meer dweilers neerzetten, of een dweilmachine kopen, of een pomp plaatsen, et cetera. Deze persoon zal eerst moeten leren dat er zoiets bestaat als een waterkraan en dat dit een causaal verband heeft met een natte vloer. Pas daarna draait hij eerst de kraan dicht. Dit voorbeeld illustreert de kern van Six

Sigma: problemen los je op door doorbraken te forceren door het zoeken en vinden van achterliggende, nog onbekende, oorzaken.

Out-of-the-box denken vergt wel een drastisch ander gedrag van het management. Een hulpmiddel dat hiervoor gebruikt wordt, is *stretched targets*. Dit zijn targets die niet haalbaar lijken zonder een drastisch andere werkwijze en aanpak. Stretched targets stellen eisen die niet binnen de huidige marges liggen. Dit soort targets kunnen alleen door out-of-the-box denken behaald worden. Stretched targets stimuleren out-of-the-box denken. Daarmee creëert een leider een hulpvraag. Medewerkers zullen aangeven dat ze het op hun eigen manier niet kunnen redden. Dat is de ideale energie om verbetering op te bouwen. Bij een dergelijke vraag kan een verbeterproject worden gestart. Blijft de hulpvraag uit, zelfs bij extreme targets, dan is het duidelijk dat er nog geen veranderingsbereidheid is.

'Out-of-the-box denken is nauw verbonden met het gebruik van waarden (of values). Een van de values van ons bedrijf op dit moment is "Imagination". Imagination betekent dus het stellen van de vraag: "hoe zou onze organisatie eruitzien als: dit contract binnengehaald wordt? Dit product slaagt? De markt groeit of verandert?"
Imagination is dus ook de vraag stellen: "Stel je nu eens voor hoe ons managementteam eruitziet volgens je mooiste dromen over tien jaar?" Als je met elkaar deze waarde afspreekt, betekent dat niet dat je alle reacties van de managers accepteert. Zoals: "Maar dat kan niet. Ja, maar dan moet eerst de afdeling xyz. Ja, maar dat hebben we al eens geprobeerd ..." Out-of-the-box denken vraagt ook een andere omgeving (fysiek, mentaal). Reken er maar op dat de paperclip of het post-itpapier of welke uitvinding dan ook, niet bedacht is in een vergadering op maandagochtend om half negen als agendapunt twee waarvoor tien minuten is gereserveerd ...'
Bron: Six Sigma Black Belt.

Het tonen van betrokkenheid door het management is zeer belangrijk. Het management moet op eigen initiatief informeren naar de status van de implementatie van Six Sigma (projecten). Het tonen van betrokkenheid en het vragen naar de voortgang werkt motiverend en draagt bij aan een succesvolle implementatie. Het illustreert het belang van Six Sigma voor de hele organisatie. Implementatie van Six Sigma kan daarom ook niet gedelegeerd worden.

Een leider probeert vooruit te lopen op zijn doelstellingen. Bedrijfsresultaten moeten goed zijn. Zolang het goed gaat, zolang de cijfers goed zijn, komt niemand je helpen. Hoe slechter het gaat, hoe meer 'hulp' je krijgt. Een goede leider zorgt dus dat hij altijd uit de wind zit. Hoe? Simpel, door beter te presteren dan verwacht. Zolang hij vooruit loopt op de cijfers wordt hij met rust gelaten en kan hij zich dus voorbereiden op de toekomst. Out-of-the-box denken helpt om vooruit te lopen op de huidige stand van zaken.

BETROKKENHEID VAN MANAGEMENT TOT OP HET HOOGSTE NIVEAU

Betrokkenheid van management is essentieel. Een kenmerkend onderdeel van de bedrijven die succesvol zijn met Six Sigma is een zeer sterk gedreven CEO voor Six Sigma. Vaak zie je dat die CEO een arbeidsverleden kent uit een volwassen Six Sigma-organisatie. Vervolgens heeft hij de touwtjes in handen gekregen bij een ander bedrijf als CEO en daar wordt zonder twijfel rigoureus Six Sigma ingevoerd. Een beter bewijs dat Six Sigma werkt, is er niet. CEO's die het voor het zeggen krijgen en ervaring met Six Sigma hebben, realiseren zich dat er maar één manier is om succesvol hun bedrijf te sturen en dat is door continue prestatieverbetering op basis van metingen.

In veel gevallen begint de CEO echter niet zelf over Six Sigma. Het stimuleren van hoger management in deze richting is daarom een essentiële stap in de aanloopfase van Six Sigma. Zonder commitment voor Six Sigma tot op het allerhoogste niveau heeft het geen zin het breed te implementeren.

'Tijdens de implementatie van Six Sigma zijn wij (als toeleverancier) zeer intensief geholpen door GE. GE gaf gratis trainingen, workshops, rondleidingen bij hun fabrieken, maar ook coaching aan de Board. GE plaatste

eveneens Black Belts bij ons op het terrein en we hebben een uitwisselingsprogramma opgezet om Black Belts van GE bij ons te laten werken en andersom. Reken maar dat onze CEO blij was met deze samenwerking. En nadat hij de resultaten van de eerste verbeterprojecten zag, was hij helemaal om.'

Bron: Six Sigma Black Belt.

Een manier om managers te motiveren voor Six Sigma is door ze deel te laten nemen aan gate-reviews van verbeterprojecten. Dit zijn reviews van de verschillende stappen (gates) in een verbeterproject. Goede voorbereiding van dergelijke reviews kan uitstekend helpen om managers overstag te krijgen, doordat ze zien dat verbeterprojecten goed geleid worden en tot resultaten komen. Niets is beter om managers om te krijgen dan hun succes te laten zien en hen er deelgenoot van te maken. In reviews kan de Green Belt dan vrij strak de gevraagde producten presenteren volgens een standaard actielijst. Voor de manager levert dit een goede herkenbaarheid op. De manager hoeft zich tijdens de review dan alleen te richten op het checken van de voortgang en de opbrengsten, waarbij hij geholpen wordt door een vaste checklist met een lijstje 'baas vragen'. Zodoende weet de manager wat de resultaten zijn en wordt hij geholpen bij het op scherp zetten van de eindresultaten en bevindingen.

'De eerste tien maanden was commitment van afdelingsmanagers een groot probleem. De Six Sigma-programmaleider had weliswaar veel potentieel, maar persoonlijk nog maar weinig senioriteit. Zijn invloed op senior leiders in de organisatie was daardoor gering. De stuurgroep voor implementatie van Six Sigma heeft dit herkend en vervolgens de meest ervaren manager uit zijn functie gehaald en benoemd tot "business improvement leader." Deze manager heeft veel meer invloed op zijn oude collega's en besteedt veel tijd aan verbetering en stimulering van hen. Dit werkt nog niet optimaal omdat de Six Sigma-programmaleider op dit moment nog rapporteert aan de productiedirecteur en niet aan de CEO. Binnen andere afdelingen (bijvoorbeeld marketing en sales) is zijn invloed daardoor nog maar gering. Mijn advies als Black Belt: laat de Six Sigma-programmaleider direct rapporteren aan de CEO en zorg ervoor

dat gedrag met betrekking tot Six Sigma onderdeel wordt van de beoordeling van alle senior managers.'

Bron: Six Sigma Black Belt.

Welk gedrag vertoont het management?

Managementgedrag in een Six Sigma-organisatie kenmerkt zich door[4]:

- Klanten en hun wensen voorop stellen. Een manager in een Six Sigma-organisatie bezoekt klanten en stelt vragen om de klant-CTQ's beter te begrijpen. Het antwoord voor succes ligt in de perceptie van de klant en in de hoogte zijn van diens wensen. Zonder kennis van CTQ's weet je nooit hoe goed er gepresteerd wordt.
- Het uitdragen van een duidelijke visie over wat het wil bereiken en hoe de weg daarnaartoe eruitziet. Een dergelijke visie wordt expliciet gemaakt en telkens weer expliciet uitgesproken en toegelicht. Het credo is: herhalen, herhalen, herhalen. Een leider zorgt dat de organisatie focus heeft en gefocust blijft.
- Ter discussie stellen van de huidige status-quo. Een voorwaarde voor verandering kan zijn dat mensen zich niet neerleggen bij de huidige situatie. Het is lastig voor veel mensen om datgene waarvoor ze verantwoordelijk zijn te betitelen als 'niet goed genoeg'. Leiderschap binnen Six Sigma heeft dat als uitgangspunt: het is nooit goed genoeg, het kan altijd beter. Het management in een Six Sigma-organisatie is continu bezig met het uitdagen van de status-quo en stelt dus ook veel vragen. De vraag 'waarom' en 'wat is het probleem' zul je een goede manager vaak horen stellen. Niet om vervelend te doen, maar om er zeker van te zijn dat mensen aan een daadwerkelijk probleem (voor een klant) werken en ook goed weten hoe de mogelijke oplossing bijdraagt tot het oplossen van het probleem. Daarnaast cre-

4 Deze punten van gedrag doen ook denken aan Stephen Covey's zeven eigenschappen van zeer effectieve mensen (1 Wees proactief. 2 Begin met het einde voor ogen. 3 Begin bij het begin. 4 Denk in termen van win-win. 5 Probeer eerst te begrijpen, dan begrepen te worden. 6 Werk synergetisch. 7 Houd de zaag scherp).

eert een goede manager de vraag om hulp. Hij daagt medewerkers uit over grenzen heen te denken, wanneer ze niet weten hoe dat moet. De hulpvraag die daaruit voortkomt, geeft energie voor verbetering.

- Sturen op basis van KPI's en cockpits/dashboards. Een manager in een Six Sigma-organisatie werkt met cockpits om enerzijds te weten op welke KPI's hij moet sturen, maar ook om te communiceren wat de belangrijkste doelstellingen zijn van de organisatie en hoe de strategie vertaald is in concrete acties. Een manager in een Six Sigma-organisatie neemt beslissingen op basis van feiten en data en eist dan ook dat er op de werkvloer gebruik wordt gemaakt van prestatiemetingen. De vraag om data voor elke beslissing is dan ook essentieel. Zonder prestatiemetingen en andere data die een keuze onderbouwen, worden er geen beslissingen genomen.
- De leider moet zelf het voorbeeld geven, hij gaat voorop in de strijd. Dat wil niet zeggen dat het management alles zelf moet doen, maar het management weet duidelijk waarop het stuurt en stelt doelen. Dit betekent ook proactief gedrag: maatregelen nemen voordat ze nodig zijn. Een verandering doorvoeren vraagt om voorbeeldgedrag. Het veranderen van cultuur, gedrag en filosofie in een organisatie, zonder dat het management deze verandering zelf doormaakt, lijkt onmogelijk. In principe is het management daarom zelf champion en moet het zelf een aantal Six Sigma-verbeterprojecten leiden of geleid hebben.
- Zich kwetsbaar opstellen. De leider claimt niet alles te weten, maar claimt alleen te weten hoe het pad eruitziet naar een oplossing voor elk probleem, namelijk door objectieve beslissingen op basis van metingen (feiten). Managers zijn dus niet langer de experts en hoeven niet uit te blinken in inhoudelijke kennis van het product. De belangrijkste verbeterkracht achter Six Sigma is de mensen in een organisatie het vertrouwen geven dat ze zelf het beste weten hoe processen verbeterd kunnen worden. Goede managers weten dat Six Sigma-verbeterprocessen en tools leiden tot goede oplossingen. Een manager in een Six Sigma-organisatie vraagt om feedback en staat open voor commentaar, ondanks zijn positie in de organisatie.
- Prioriteit aan verbetering toekennen. Een manager in een Six Sigma-organisatie zorgt dat er voldoende tijd en prioriteit is in zijn organisatie

om aan verbeterprojecten te werken. De manager stopt of vertraagt eventueel andere initiatieven en stelt zijn beste mensen beschikbaar als Black Belt. Het management fungeert als sponsor. Het geeft toestemming om middelen te besteden aan verbeterprojecten. Principes van lerende organisaties of van groepsleren zijn daarbij zeer bruikbaar, verbeterprojecten op onontgonnen terreinen zijn namelijk leerprojecten. Focussen op leerresultaten en leerprocessen staat centraal.

- Betrokkenheid bij trainingen en projectselectie. Een manager in een Six Sigma-organisatie is actief betrokken bij Six Sigma-trainingen en bij de selectie van verbeterprojecten. Immers deze hebben de hoogste prioriteit omdat ze de enige weg zijn naar presentatieverbetering. Een goede manager richt zijn agenda zo in dat hij bij belangrijke Six Sigma-gebeurtenissen (tollgates, projectselectie, trainingen van Green Belts en Black Belts) aanwezig is en neemt indien nodig zelf de leiding.

'Ook bij het omzetten van Six Sigma naar operationeel gedrag blijft leiderschap essentieel. Het management moet laten zien dat verbetering boven alles staat. Op dit moment hebben we van hogerhand een zwaar bezuinigingsprogramma opgelegd gekregen, op alle kosten moet tot in detail bezuinigd worden. In september gaan we desondanks zes nieuwe Green Belts trainen. Het extern inhuren van trainingscapaciteit voor Six Sigma is geen enkel probleem, ondanks de bezuinigingen. Onze manager laat in woord én daad zien dat het Six Sigma-programma de hoogste prioriteit heeft.'

Bron: Six Sigma Black Belt.

'MEMO: Telkens als wij een probleem hebben opgelost, ontdekken de Black Belts weer twee nieuwe. Vanaf heden is het daarom verboden problemen op te lossen.'

Conclusie

Leiderschap is de cruciale voorwaarde voor het succesvol implementeren van Six Sigma in een organisatie. Een leider is een aanvoerder, hij gaat voorop in de strijd en toont daadkracht en initiatief. Leiderschap vraagt om daadkracht, volharding, visie en last but not least: de passie om continu te verbeteren. Een leider zorgt ervoor dat 'leren' een belangrijk doel wordt in de dagelijkse gang van zaken. Alleen leerprocessen bieden immers structurele oplossingen voor dieperliggende problemen. Een leider heeft plezier in zijn werk, omdat hij mensen dingen ziet bereiken die ze zelf niet voor mogelijk hielden. Dit lukt alleen door een organisatie te kantelen: de macht voor verbetering komt te liggen bij de medewerkers in het proces. Daar zit immers de meeste kennis om dat proces te verbeteren. Leidinggeven is het creëren van een omgeving waarbinnen mensen het best tot hun recht komen.

De reden dat leiderschap zo cruciaal is voor Six Sigma is omdat het invoeren van Six Sigma een rigoureuze cultuuromslag vraagt met mogelijke weerstanden van gelijke omvang. Leiderschap is daarvoor essentieel. Six Sigma is een managementfilosofie die in de aderen van de organisatie moet komen. Dit lukt doorgaans alleen met centrale sturing. Een CEO die hoogstpersoonlijk Six Sigma omarmt en leidt, blijkt in de praktijk essentieel om succesvolle borging te bewerkstelligen. De motivatie hiervoor van een CEO lijkt in de praktijk in veel gevallen voort te komen uit ervaringen uit het verleden. Zulke CEO's voeren Six Sigma meestal snel en rigoureus in.

Checklist

KRITISCHE SUCCESFACTOREN

Zorg ervoor dat:

- het centrale management de inspirator en motivator is voor Six Sigma.
- het management zelf voorop loopt en verbeterprojecten leidt en sponsort. Het management is minimaal Green Belt en liefst Black Belt.
- de (informele) leiders het Six Sigma-programma steunen en/of aanvoeren.
- er een omslag plaatsvindt naar beslissen op basis van data en feiten.
- er gemanaged wordt op afspraken en verantwoordelijkheden en er expliciet wordt nagegaan dat afspraken worden nagekomen.
- het management in woord en daad continu Six Sigma uitdraagt.
- het management de grenzen en uitdagingen blijft verleggen; het kan immers altijd beter.
- er wordt gedelegeerd: de medewerkers komen in control van de verbeterprojecten, zij zijn immers proceseigenaar en verantwoordelijk.
- feiten en resultaten altijd ter discussie gesteld kunnen worden.
- inspanningsbesparingen gebruikt worden om elders investeringen te plegen of het productaanbod uit te breiden.
- managers deelnemen aan gatereviews. Zodoende zien ze de successen van Six Sigma en stroomt die informatie het MT in.
- het management minimaal 10% tijd heeft voor hun Six Sigma-taken.
- doelstellingen en targets kwantitatief worden vastgelegd via KPI's en dat de voortgang frequent via cockpits wordt gecommuniceerd.

VALKUILEN EN POTENTIËLE FOUTEN

Pas ervoor op:

- een Six Sigma-programma te starten zonder leiderschap uit het management. Dit leidt tot slechte borging en een slecht intern imago.
- uit te dragen dat er op basis van feiten beslist moet worden, terwijl het management dat zelf niet doet: 'walk the talk'.
- om lopende verbeterinitiatieven onder het Six Sigma-programma te scharen die zich niet focussen op klant, feiten en data.
- resultaten van Six Sigma-programma's uit te drukken in het aantal teruggebrachte arbeidsplaatsen.
- dat het beeld ontstaat dat je met Six Sigma je baan kwijtraakt.
- dat communicatie rond voortgang niet versloft. Als cockpits verouderen en voortgang in verbeterprojecten niet regelmatig aangepast wordt, ontstaat snel het beeld dat Six Sigma niet meer belangrijk is.

AANBEVELINGEN

Probeer:

- managers te selecteren en te beoordelen op de vijf onderdelen van leiderschap: Energy, Energize, Edge, Execute en Passion.
- aannamen altijd ter discussie te stellen. Stel steeds weer de vraag: 'Is dat eigenlijk wel zo?'
- een hulpvraag te creëren. Een hulpvraag bevat namelijk energie en motivatie voor verandering.
- in een Six Sigma-introductie (een deel van) het management tijdelijk volledig vrij te maken om verbeterprojecten te leiden als Black Belt.
- de algemene directeur (en dus de hoofdsponsor) het eerste deel van een Six Sigma-training te laten verzorgen. Er is geen beter moment om zijn boodschap en motief uit te dragen.
- als management bij elke gebeurtenis, probleem of situatie expliciet de vraag te stellen: 'Met welke Six Sigma-tool gaan we dit doen?'
- in de prestatie van de organisatie naast het meten op het aantal producten of de omzet, ook te meten op gerealiseerde verbeteringen.
- managers klanten te laten bezoeken en diens CTQ's te laten specificeren.

CASE CREATING A SHARED NEED

Bij Groetelaers vindt een Six Sigma-programma plaats onder aanvoering van de algemeen directeur, die daarin gesteund wordt door zijn MT (allen Green Belt). Het programma wordt daarnaast ondersteund door twee full-time Black Belts. De noodzaak tot verbetering bij Groetelaers wordt vooral gevoed uit de kansen om beter te worden. De markt is al jaren gunstig en het bedrijfsresultaat uiterst positief. Dat is tegelijkertijd ook wel lastig, want de kans op weerstand is dan groot: waarom moeten we verbeteren, het gaat toch goed?

De motivatie om toch actief met Six Sigma aan de slag te gaan is op twee manieren gemotiveerd. Ten eerste is een benchmark gedaan ten opzichte van de belangrijkste concurrenten. Daaruit bleek dat deze dichterbij komen. Uit het besef dat Groetelaers zich nu moet klaarmaken voor eventuele slechtere tijden is het dus nodig expliciet te gaan verbeteren. Ten tweede is een verlieslijdende productielocatie in het begin van het Six Sigma-programma gesloten. Deze vervelende maatregel is ook aangegrepen om Six Sigma te motiveren. Six Sigma is gepresenteerd als de toolbox om te helpen beter te gaan presteren, zodat bedrijfssluitingen voorkomen kunnen worden. Het continu benchmarken van Groetelaers ten opzichte van haar concurrenten blijkt in de praktijk een belangrijke stimulator. Het gaat immers goed, de financiële resultaten zijn uitstekend, maar de prestaties van de concurrentie komen weer dichter in de buurt, dus is het belangrijk om nog beter te worden.

Groetelaers heeft in eerste instantie een sterke top-downbenadering gekend. Eerst het management trainen, daarna het middenkader. Daardoor hoorden de meeste medewerkers wel vaak over Six Sigma, maar kregen ze nooit echt het gevoel dat er iets veranderde. Voor hen had het namelijk in het begin maar een heel beperkte impact. Momenteel krijgen alle medewerkers een basiscursus Six Sigma: de zogenaamde Yellow Belt-training. Daarin wordt de achtergrond en motivatie voor Six Sigma gepresenteerd, maar worden ook de belangrijkste zaken gedoceerd, zodat alle medewerkers doelgericht kunnen deelnemen aan verbeterprojecten. Zo voorkomt men dat verbeterprojecten niet goed aansluiten op de werkvloer. De initiatieven worden vanuit de werkvloer aangedragen en opgepakt.

De afgeronde verbeterprojecten spelen een belangrijke rol in het motiveren voor Six Sigma. Deze verbeterprojecten geven aan wat er allemaal te bereiken is. De besparingen worden aangegeven ten opzichte van de investeringen. Het goed kiezen (zeker in het begin) van de juiste verbeterprojecten is daarom cruciaal. Niet alle verbeterprojecten kunnen namelijk slagen; soms lukt het niet, of soms renderen verbeteringen nu eenmaal niet. De eerste verbeterprojecten moeten slagen en moeten duidelijke resultaten opleveren (enerzijds als boegbeeld, anderzijds om de dure trainingen zo snel mogelijk terug te verdienen). Voortgang van deze verbeterprojecten en de gemaakte besparingen worden door de hele organisatie gecommuniceerd. Via intranet, bedrijfsbijeenkomsten en posters in de personeelskantine wordt uitgedragen wat de winsten zijn.

In het verleden bleek het nog wel lastig om vooral de posters over verbeterprojecten die in de kantine hangen, up-to-date te houden. Het was een gedeelde verantwoordelijkheid tussen de Black Belts en de Green Belts. Uiteindelijk is een goede oplossing gevonden door de publicatie van nieuwe posters maandelijks in het MT-overleg mee te nemen. Het MT moet akkoord gaan met de vrijgave van nieuwe posters. Daarmee is ook goed inzichtelijk welke verbeterprojecten achterblijven in hun rapportage. Dit kan dan weer als actiepunt in het volgende MT-overleg worden meegenomen. Sindsdien komen er elke twee maanden nieuwe posters van de verbeterprojecten, zodat medewerkers op de hoogte blijven van de voortgang.

3 CREATING A SHARED NEED: EEN KETEN IS ZO STERK ALS DE ZWAKSTE SCHAKEL

Er is energie nodig om een organisatie in beweging te brengen voor een Six Sigma-implementatie. Daarom is het creëren van een 'shared need' *zo belangrijk. De motivatie voor deze energie ligt in het combineren van aantoonbare bedreigingen en beschikbare kansen als redenen om direct te beginnen met Six Sigma. Dankzij een shared need moet het voor ieder individu in het collectief duidelijk zijn dat het onontkoombaar is om actief mee te doen aan het Six Sigma-programma.*

Introductie

Dit hoofdstuk gaat over de wil om te veranderen. Organisaties zijn eigenlijk niets meer dan een groep mensen die een aantal vaste gewoonten en gedragingen deelt. Het veranderen van een organisatie is dan ook het proces dat tot doel heeft die gewoonten en dat gedrag te veranderen. Dat lukt namelijk alleen als die groep mensen dat ook daadwerkelijk zelf wil.

'De "shared need" ligt heel moeilijk binnen ons bedrijf omdat we zo enorm veel winst maken en alleen al binnen Europa zijn er zo'n duizend vacatures. De directie probeert de urgentie van Six Sigma wel duidelijk te maken door te benchmarken met de concurrentie. Ons bedrijf neemt op dit moment de laatste plaats in van alle zes grote marktpartijen, terwijl we jarenlang op nummer een hebben gestaan. Daarnaast wordt zichtbaar gemaakt hoe onbetrouwbaar we zijn in onze leveranties naar de klant. Dit zijn serieuze problemen, maar bedreigen niet direct het voortbestaan van het bedrijf. We maken immers nog steeds veel winst. Bedreigingen

hebben een veel duidelijker effect wanneer een bedrijf op de rand van de afgrond staat en er banen op de tocht staan.'

Bron: Six Sigma Green Belt.

In dit hoofdstuk gaan we het dus hebben over de wil in een organisatie om Six Sigma in te voeren en te borgen. We hebben al aangegeven dat een Six Sigma-programma een rigoureuze organisatieverandering betekent. De centrale vraag in dit hoofdstuk is dan ook: 'Hoe breng je in een organisatie een gezamenlijke wil tot stand om Six Sigma te gebruiken?'

Noodzaak voor verandering

Het oppakken van Six Sigma door een organisatie vraagt om commitment. Het verkrijgen van commitment gaat doorgaans veel makkelijker als er een duidelijke noodzaak voor verbetering aanwezig is. Denk aan: E = Q x A. Acceptatie is sterker als de noodzaak voor verbetering onontkoombaar is.

'Een gemeenschappelijk gevoelde noodzaak voor verandering alleen is geen voldoende voorwaarde voor een brede acceptatie van Six Sigma. In ons bedrijf zijn we het erover eens: we hebben een kostprijsprobleem. Toch is er initiële scepsis ten opzichte van Six Sigma. Weer een nieuwe hype, hoe gaat dit ons helpen en wat betekent dit ten opzichte van alle andere programma's die al lopen? Toen dit door een inhoudelijke uitleg en Champion-awareness-training duidelijk was gemaakt, werd Six Sigma breed omarmd. Het heeft ook erg geholpen om te beginnen met een Green- en Black Belttraining voor de informele leiders. Ook hier ontstond een buy-in'.

Bron: Six Sigma Sponsor.

Iedereen kent wel voorbeelden waarbij noodzaak of urgentie een uitstekende drijfveer is tot verandering. Er gaat een enorme kracht uit van een groep mensen die als doel hebben een bepaald resultaat te behalen. Wie ooit aan een teamsport heeft gedaan kent die kracht, maar weet ook hoe lastig het is die kracht te mobiliseren. Noodzaak, uit positieve drijfveren of uit negatieve, is een belangrijke bron hiervoor. Het inkaderen van de noodzaak voor verandering is dan ook een belangrijk onderdeel in het mobiliseren van de wil voor Six Sigma.

'In de luchtvaartindustrie is de noodzaak tot verbetering meestal erg transparant (9/11, SARS, olieprijzen, et cetera), maar ook wisselend. Als je daarom naar aanleiding van een enkele gebeurtenis gaat reorganiseren, kosten besparen en mensen ontslaan, zonder een duidelijke gezamenlijke kans op verbetering te zien, verlies je de wil tot verandering heel snel. Zeker als je dit ook nog eens moet doen omdat er vaak problemen zijn. Om het concreet te maken: op 9/11 storten de WTC-torens in, alle vliegtuigen blijven aan de grond, er is geen vervoer meer, dus: crisis! Tegelijkertijd zijn de tickets al betaald, gaat het onderhoud aan de vliegtuigen gewoon door, de hangaars staan vol, over een paar dagen wordt er weer wel gevlogen, er is dus werk. Dus: welk probleem proberen we eigenlijk op te lossen?'

Bron: Six Sigma Black Belt.

Noodzaak kan over het algemeen op twee manieren tot stand komen. Enerzijds doordat er dusdanig ingrijpende consequenties zijn als er niet verbeterd wordt: bedreigingen dus. Bedreigingen kunnen de noodzaak voor actie heel duidelijk maken. Anderzijds kan een verbetering van de concurrentiepositie als stimulans werken. Dit leidt immers tot een betere economische positie van de organisatie, geeft groeimogelijkheden, biedt uitdagingen, ontwikkelingskansen, et cetera. Ook dergelijke kansen kunnen heel goed werken om de noodzaak voor verbetering duidelijk te maken. Kortom, het inkaderen loopt via het inzichtelijk maken van kansen en bedreigingen. Deze kunnen zowel van buiten als van binnen komen.

'Als Black Belt heb ik het vaak gezien: een combinatie van een burning platform én shared opportunity brengt een wil tot verandering tot stand die ook blijft hangen. Net zoals bij een echte brand neemt de urgentie altijd af als de vlammen weg zijn en kun je enkel tijdens de brand mensen in beweging krijgen. Een burning platform moet ervoor zorgen dat

mensen zich bewust zijn dat ze in beweging moeten komen. De shared opportunities moeten ervoor zorgen dat iedereen blijft lopen.'

Bron: Six Sigma Black Belt.

Voor het bepalen van de noodzaak voor een verbeterproject wordt binnen Six Sigma de 'agendacheck' gebruikt. De agendacheck kijkt bijvoorbeeld naar welke problemen steeds weer terugkomen en waar veel tijd aan wordt besteed. Dat zijn de problemen die moeten worden opgelost en waar blijkbaar geen voor de hand liggende oplossing voor is. Belangrijkheid van problemen is een goede drijfveer om noodzaak te onderbouwen.

Bedreigingen versus kansen

Het tot stand brengen van een gezamenlijke wil in een organisatie om Six Sigma op te pakken verloopt het best door een combinatie te maken van kansen en bedreigingen. Het is handig om met betrokkenen om de tafel te zitten en de volgende twee vragen te beantwoorden:

- Wat zijn de gevolgen als onze organisatie erin slaagt de prestaties te verdubbelen?
- Wat zijn de gevolgen als onze organisatie er niet in slaagt de prestaties te verdubbelen?

Het is aan te bevelen de antwoorden die op deze vragen naar boven komen te groeperen en over de volgende vier categorieën te verdelen: kortetermijnkansen, langetermijnkansen, kortetermijnbedreigingen, langetermijnbedreigingen. Je krijgt dan een matrix die er bijvoorbeeld als volgt uitziet:

	Bedreigingen	Kansen
Korte termijn	Concurrenten verbeteren prestaties door toepassing Six Sigma. Frustratie bij medewerkers groeit.	Actief uitdragen van de bereidheid te investeren in verbetering.
Lange termijn	Aantal klanten en opdrachten loopt terug door te hoge kosten en achterblijvende kwaliteit.	Grotere winstgevendheid. Toenemende productiviteit. Ontwikkelingskansen personeel met bijbehorende motivatiegroei.

Bij een dergelijke oefening moet er aan twee voorwaarden worden voldaan. Ten eerste moet elke bedreiging of kans bewezen kunnen worden. Niets is schadelijker voor het draagvlak dan het uitdragen van een bedreiging als faillissement of grote ontslagen, terwijl dat niet zo is. Het lukt misschien één of twee keer om met valse argumenten een groep in beweging te krijgen, maar nooit een derde. Met het uitdragen van onbewezen kansen of bedreigingen gooi je uiteindelijk je eigen glazen in. Ten tweede geldt: hoe minder kansen en bedreigingen, hoe beter. Het is zaak om heel gefocust een veranderingstraject in te gaan. Als er dus één grote bedreiging is en tien kleintjes, pak dan alleen die ene grote bedreiging op. De noodzaak tot verandering moet snel uit te dragen zijn, dus geen ellenlange lijsten: een paar punten die goed en hard aankomen, zijn veel beter. Het is in die lijn dan ook niet noodzakelijk in alle vier de kwadranten (korte versus lange termijn, kansen versus bedreigingen) punten te hebben staan. Neem alleen de allerbelangrijkste en zwaarwegendste kansen en bedreigingen op. Dat houdt de boodschap eenvoudig en helder.

Er is nog een reden om altijd de combinatie te zoeken tussen kansen en bedreigingen en dat komt door de verschillende manier waarop op beide gereageerd wordt. Bij bedreigingen hebben mensen namelijk de neiging om terug te vallen in oude patronen zodra het gevaar geweken is. Net als bij een brand: de brandweer blust de brand, gaat weer weg en iedereen gaat weer verder. Bedreigingen worden ervaren als iets tijdelijks: er dreigt gevaar, je neemt actie, gevaar is geweken, je gaat weer door waar je was gebleven. Daarbij wordt voorbijgegaan aan de mogelijkheid (of het gegeven) dat de desbetreffende bedreiging wel eens voort kan komen uit die gebruikelijke manier van werken. Bij kansen is dat fundamenteel anders. Een kans op verbetering door het nemen van een maatregel wordt wel als definitiever gezien, mits de maatregel werkt. Als er dus kans is op een bepaalde verbetering en die wordt gerealiseerd door een bepaalde actie, dan is de primaire reactie van betrokkenen om deze actie te consolideren.

'Wat volgens mij wel heel belangrijk is bij een shared need, is dat iedereen die het betreft zich er ook daadwerkelijk persoonlijk mee verbonden moet voelen. Het moet niet zo zijn dat mensen denken: dat is jouw en niet mijn probleem. Daarom hebben wij ervoor gekozen om de grootste bedreiging als belangrijkste motivator voor Six Sigma te gebruiken: als we niet snel goedkoper worden, hoeft het straks helemaal niet meer. Deze komt het dichtst bij de mensen zelf. Wel zijn we ons bewust dat we verbeterprestaties en -resultaten niet alleen ten opzichte van die bedreiging moeten positioneren, maar ook als groeikansen communiceren.'

Bron: Six Sigma Sponsor.

Met andere woorden: kansen zorgen impliciet voor langdurige en blijvende veranderingen, terwijl bedreigingen impliciet zorgen voor tijdelijke en dus verdwijnende veranderingen. Wel is het zo dat het bundelen van krachten in een organisatie doorgaans makkelijker gaat bij (gezamenlijke) bedreigingen dan bij kansen. Vandaar de aanbeveling om altijd de combinatie te zoeken tussen bedreigingen en kansen. Het motiveren van Six Sigma op basis van bedreigingen alleen is dan ook niet handig omdat het als een tijdelijke maatregel wordt gezien. Het motiveren van Six Sigma op basis van kansen alleen zal niet die prioriteit en urgentie genereren die het verdient. Gebruik dus de urgentie van de bedreigingen en de blijvendheid van de kansen. Focus vooral op de kortetermijnbedreigingen en op de langetermijnkansen.

'Wij zijn destijds bij ons bedrijf uitermate voorzichtig geweest met de link te leggen tussen verbeterprojecten en bedreigingen. Bij elk verbeterproject hebben we in het bijzonder de kansen benadrukt om de wil tot veranderen te realiseren. Vervolgens kun je dan met veel communiceren, communiceren en nog eens communiceren (en niet te vergeten: feestjes vieren, feestjes vieren en feestjes vieren) zorgen dat het verhaal zich verder verspreidt.'

Bron: Six Sigma Sponsor.

De rol van benchmarking bij het creëren van noodzaak

Zowel voor bedreigingen als voor kansen is het raadzaam te kijken naar wat de concurrentie doet in de markt. Zijn de prestaties van de concurrent een bedreiging doordat die zoveel hoger liggen waardoor het eigen marktaandeel gevaar loopt? Of zijn de prestaties van de concurrent lager, waardoor het verbeteren van onze eigen prestaties het verschil alleen maar groter maakt? Concurrentie hoeft niet alleen extern te zijn. In veel bedrijven bestaat ook interne concurrentie, bijvoorbeeld tussen productielocaties.

'Wij zijn een ontwikkel- en productiecentrum binnen ons bedrijf, maar daar zijn er veel meer van. De commerciële activiteiten zijn gecentraliseerd en zitten op een andere locatie in Nederland. Voor onze productielocatie is interne concurrentie eigenlijk belangrijker dan externe. Onze interne klant (de commerciële locatie) kijkt namelijk als eerste of onze zusterfabriek in China een alternatief is. Daarnaast kunnen sommige van onze (tussen-)producten wellicht helemaal ingekocht worden. De strategie die wij daarom hanteren is als volgt: we moeten wat prijs betreft in de buurt zitten van onze interne en externe concurrenten. Daarnaast onderscheiden wij ons door excellente prestaties (flexibel, snel en goed). Hierdoor vormen we een unieke uitgangspositie om te kunnen "meedingen" naar de opdrachten vanuit onze interne commerciële "klant". Wat deze excellente prestaties zijn, meten we extern af aan de markt.'

Bron: Six Sigma Champion.

Externe benchmarks kunnen een goede rol vervullen, als je je wil meten met de concurrentie. Er zijn verschillende bureaus die er hun primaire dienst van hebben gemaakt bedrijven ten opzichte van elkaar te positioneren. Inzicht in waar men staat en wat anderen die hoger staan beter doen, kan een prima middel zijn om een gezamenlijke wil te mobiliseren. Wel is het zo dat benchmarks vaak ook veel vragen oproepen en daardoor aan geloofwaardigheid verliezen en dat op individuele basis mensen een benchmark meestal weinig zegt. Mensen moeten wel het idee hebben dat ze met hun eigen bijdrage of hun eigen verbetering ook invloed hebben op de benchmark-indicatoren. Als dat niet het geval is, is het een slechte motivator voor verbetering. Het is dus van belang aan te tonen dat het verbeteren van de eigen processen een direct effect heeft op de uitkomst van de benchmark.

'In ons bedrijf gebruiken we een aantal benchmarks om onze positie ten opzichte van de concurrentie te verbeteren. Na zestien maanden hebben we opnieuw gemeten en daaruit blijkt dat we ruim een half jaar achterliggen op het gemiddelde in de benchmark van onze concurrentie. Uiteraard zijn er meerdere oorzaken voor aan te wijzen dat we achterblijven, maar een belangrijke is dat mensen geen echte druk voelen. Niemand heeft het idee dat loon bevroren wordt, er ontslag dreigt, of iets dergelijks. Dus misschien kunnen we wel stellen dat hoe groter de shared need is, des te hoger de motivatie, des te lager de weerstand is en des te sneller Six Sigma geïmplementeerd kan worden.'

Bron: Six Sigma Champion.

Moet iedereen een wil tot verandering hebben?

Een lastig punt in een Six Sigma-programma is de hoeveelheid aandacht die je moet besteden aan het tot stand brengen van de shared need. Een wil tot verandering is maar één van de voorwaarden tot succes en verbetering. Zo ook is het een afweging tot op welk uitvoerend niveau je een wil tot verandering moet mobiliseren. Op alle niveaus een aantal? Alle managementniveaus? Of juist alleen op de werkvloer?

Op deze vragen is geen eenduidig antwoord te geven. Alles hangt af van de specifieke situatie en van de manier waarop Six Sigma wordt ingevoerd: integraal of per afdeling. Het belangrijkste is dat het een bewuste keuze is en dat er een bewust plan ligt op welke wijze en in welke volgorde de wil tot veranderen wordt gemobiliseerd. Verandering is geen automatisme. Niet in organisaties en niet van mensen. Zonder expliciete aandacht om een shared need tot stand te brengen zal deze er niet komen. Om een organisatie te veranderen heb je wel veel mensen nodig. Het is daarom noodzakelijk om de wil tot verandering op alle niveaus duidelijk te maken. Als alleen het management wil veranderen en de man op de werkvloer niet, gebeurt er weinig.

'In ons bedrijf zeggen we altijd dat we een grote brand vertalen in een aantal kleine brandjes. Want uiteindelijk gaat het natuurlijk voor ieder persoonlijk om de vraag: "What's in it for me?". Dat geldt van de managementtop tot op het individuele niveau. Bij grote branden geldt weliswaar voor iedereen "zekerheid op werk", maar als helder is dat bepaalde afdelingen toch wel blijven bestaan (managementlagen bijvoorbeeld, of personeelszaken of de boekhouding), moet je in staat zijn uit te leggen wat het uitblijven van verandering ook voor die afdelingen betekent. Dat is precies de frustratie die je altijd weer ziet bij productiemedewerkers: de stropdassen overleven toch wel: wij moeten harder werken, met minder mensen en zonder loonsverhoging, maar die gasten op kantoor blijven zitten en verdienen steeds meer. Voor ieder individu moet de noodzaak tot verandering dan ook heel helder zijn, gedifferentieerd naar zijn persoonlijke consequenties, waardoor de wil tot verandering ontstaat uit een intrinsieke motivatie.'

Bron: Six Sigma Black Belt.

Binnen een Six Sigma-programma wordt ook heel vaak de training van de mensen gebruikt om de wil tot veranderen tot stand te brengen. De verschillende Six Sigma-trainingen waar medewerkers aan deelnemen zijn een prima gelegenheid om argumenten voor en noodzaak van Six Sigma over te dragen. Zowel de Black Belts als de Green Belts in de organisatie kunnen dan een deel van het missionariswerk verzetten. Vandaar ook dat de meeste organisaties hun lijnorganisatie als Green Belt opleiden.

'We gaan nu bij het expliciet werken aan de shared need tot op het niveau van de mensen die in verbeterprojecten meedoen. We proberen steeds het verschil duidelijk te maken met de huidige manier van werken. We proberen aan te geven wat de huidige werkwijze niet kan en wat we met Six Sigma wel kunnen. De vraag van de mensen: 'waarom zouden we deze Six Sigma-verbeterprojecten moeten doen?' proberen we op alle niveaus te beantwoorden, door aan te geven op welke manier de Six Sigma-aanpak de problemen die ze met de huidige werkwijze ervaren, kan oplossen. We betrekken de leiders bij het programma en geven hun een training passend bij hun rol: project owner, financial representative, et cetera. We streven ernaar dat een Green Belt-rol een duidelijke meerwaarde geeft voor de betrokken mensen. Het is dus ook voor medewerkers interessant om Green Belt te worden. Aangezien Green Belts ook weer de shared need tot stand brengen, proberen we zo een sneeuwbaleffect te krijgen. Het belangrijkste doel van het Green Belt-programma is het opkrikken van ons verbetervermogen. Het is bij ons namelijk nog helemaal níet zo dat onze organisatie met het "Six Sigma-virus" is besmet. Daar willen we echter wel graag naar toe. De mensen die we als Green Belts selecteren zijn dan ook allemaal sleutelfiguren op hun niveau. Ze moeten gaan fungeren als "kiemcellen".'

Bron: Six Sigma Master Black Belt.

Het gebruik van Six Sigma-voorbeeldprojecten

In het begin van een Six Sigma-programma is het voor veel mensen nog onduidelijk wat Six Sigma precies betekent. Allemaal hebben ze wel eens een kwaliteitsinitiatief gezien dat begon met mooie woorden en eindigde met een rij mappen en een certificaat, maar verder veranderde er maar weinig. Het is dan ook vaak zinvol een aantal voorbeeldprojecten te selecteren en hier een Six Sigma-verbeterproject op los te laten. Pak bijvoorbeeld één van de twintig productielijnen rigoureus met Six Sigma aan en laat zo de kracht ervan zien. Op die manier kunnen voorbeelden uit de eigen werkomgeving uitstekend gebruikt worden om de wil tot het invoeren van Six Sigma te mobiliseren. Eigen verbeterprojecten zijn daarin veel sterker dan voorbeelden van andere bedrijven. Andere bedrijven zijn anders en de voorbeeldprojecten minder geloofwaardig (als het mislukt was, hadden we het niet gehoord). Daarnaast werken de eigen medewerkers ook veel beter als missionarissen van Six Sigma als ze concrete voorbeelden kunnen geven uit de eigen organisatie.

Voorstellen voor verbetering door alle medewerkers

'In ons bedrijf wordt van iedereen verwacht dat ze verbeterprojecten aandragen ...'

'In het begin van de introductie van Six Sigma hebben we voorbeelden gebruikt van andere bedrijven en in het bijzonder van een eigen zusterbedrijf in Californië dat met behulp van Six Sigma een enorme prestatieverbetering heeft gerealiseerd. De huidige directeur van Europa komt daar ook vandaan. De sceptici wezen er direct op dat dat zusterbedrijf niet te vergelijken is met onze tak, omdat het een bedrijf betreft van relatief kleine omvang. Tegenwoordig gebruiken we voorbeelden van verbeterprojecten uit onze eigen organisatie. Ongeveer drie keer per jaar organiseren we een "Sigma learning en sharing event" waarbij die verbeterprojecten worden gepresenteerd. Daarnaast zijn we meestal aanwezig met projectpre-

sentaties op evenementen die in het bedrijf worden georganiseerd, zoals leadership network conferences *(top-250-leiders binnen Europa). Het beste werkt echter de mond-tot-mondreclame van projecteigenaars en champions die enthousiast zijn geworden door hun rol in een verbeterproject.'*
Bron: Six Sigma Master Black Belt.

Conclusie

Zonder de wil om te veranderen is een organisatieverandering kansloos. Zonder de wil om Six Sigma in te voeren en er een succes van te maken gaat het niet lukken. De noodzaak tot verandering moet dus bekend zijn en door iedereen in de organisatie worden gedeeld. Het is daarbij raadzaam de bedreigingen en kansen inzichtelijk te maken. En vervolgens met een goede doch beperkte mix van bedreigingen en kansen het Six Sigma-initiatief te motiveren. Let er wel op dat deze argumenten bewijsbaar en aantoonbaar zijn. Er mag geen discussie ontstaan over de juistheid of waarheid van de redenen tot Six Sigma-invoering. Een juiste balans tussen kansen en bedreigingen zorgt voor het mobiliseren van energie en motivatie bij mensen. De situatie ten opzichte van de concurrentie en Six Sigma-voorbeeldprojecten kunnen daar uitstekend bij helpen.

Checklist

KRITISCHE SUCCESFACTOREN

Zorg ervoor dat:

- er een expliciete noodzaak is voor Six Sigma en zorg dat deze bij iedereen bekend is en door de (in)formele leiders wordt gedragen.
- bedreigingen en kansen expliciet en meetbaar worden aangetoond.
- er zo snel mogelijk voorbeelden beschikbaar komen van verbeterprojecten en resultaten uit de eigen organisatie.

VALKUILEN EN POTENTIËLE FOUTEN

Pas ervoor op dat:

- een Six Sigma-verbeterprogramma wordt gestart zonder dat aan iedereen uitgelegd kan worden waarom dat noodzakelijk is.
- deelname aan Six Sigma als vrijblijvend wordt ervaren. Het moet duidelijk zijn dat er alleen succes behaald wordt als iedereen deelneemt.
- de stimulans voor Six Sigma door incidenten wordt gemotiveerd. De motivatie voor Six Sigma moet een structurele drang naar verbetering zijn en voortkomen uit structurele redenen, niet uit incidenten.
- bedreigingen niet gekwantificeerd of niet bewezen kunnen worden.
- de argumenten voor een Six Sigma-programma louter uit bedreigingen bestaan. Continue verbetering moet de belangrijkste drijfveer zijn, al dan niet geïllustreerd met acute bedreigingen.

AANBEVELINGEN

Probeer

- een goede mix te vinden tussen bedreigingen en kansen. Six Sigma starten uitsluitend op basis van bedreigingen werkt alleen tijdelijk.
- de informele leiders in de organisatie als eerste te laten deelnemen aan de trainingen voor Green Belt en Black Belt. Laat hen de eerst verbeterprojecten leiden en de resultaten uitdragen.
- de kansen en bedreigingen voor de korte en lange termijn expliciet vast te leggen in een tabel, waarover gediscussieerd kan worden.
- een hulpvraag te creëren bij medewerkers, omdat hier energie in zit voor verbetering.
- de boodschap rond het waarom van Six Sigma beperkt te houden; benoem alleen de grote en urgente bedreigingen en kansen.
- elk succes rond Six Sigma te vieren met een feestje. Daardoor ontstaat snel het beeld: verbeteren met Six Sigma is leuk.
- prestaties van concurrenten en benchmarks mee te nemen als motivator voor verbetering; ook die van andere afdelingen zijn zinvol.
- 'grote branden' (verlies van banen) te vertalen naar een aantal 'kleine brandjes' (verliesgevende productielijn), zodat iedereen het gevoel heeft er ook daadwerkelijk iets aan te kunnen doen.

CASE SHAPING A VISION

De visie bij Groetelaers is bepaald door de algemeen directeur en het MT in samenspraak met de Black Belts. Groetelaers wil zichzelf ontwikkelen tot een organisatie die continu bezig is met verbeteren. In een dergelijke omgeving wordt op alle plekken van de organisatie kwantitatief inzichtelijk bekendgemaakt hoe de processen presteren. Alle medewerkers weten wat de grafieken betekenen en wat de huidige prestaties zijn. Bij het ideale Groetelaers worden problemen gestructureerd aangepakt met voor iedereen bekende tools: je voelt of ruikt als het ware de drive van de medewerkers om steeds alles beter te doen. Six Sigma zit daarbij in de genen van de medewerkers. Het is ondenkbaar om een beslissing door te voeren zonder data. Managers hoeven niet meer om harde feiten te vragen, want die worden altijd al aangedragen. Six Sigma is onderdeel van de cultuur geworden. Een bijkomend voordeel is dat er ook een gezamenlijk taalgebruik en een groot aantal gedeelde methoden aanwezig is. Het is daardoor makkelijker geworden om samen te werken en er kan snel geschakeld worden bij het gestructureerd aanpakken van problemen. De Six Sigma-toolbox is onderdeel geworden van de toolbox van elke medewerker.

Een dergelijke situatie realiseer je niet zomaar. Vanuit de originele situatie naar een dergelijke gewenste (wellicht utopische) is een lange weg. Het is de weg waar de algemeen directeur het altijd over heeft. Six Sigma is een filosofie: een 'way of life'. Het borgen en implementeren van deze visie geschiedt langs concrete verbeterprojecten en trainingen. Alle medewerkers moeten kennis krijgen van Six Sigma en echte ervaring opdoen met verbeterprojecten. De strategie van Groetelaers is erop gericht om alle medewerkers zelf onderdeel te laten zijn van verbeterprojecten, en hen allemaal zelf te laten ervaren wat er te realiseren is. De focus ligt op beloning, en dan niet op individuele financiële beloning, maar op een beloning voor het gehele team. Gerealiseerde besparingen mogen bijvoorbeeld als budget voor nieuwe verbeterprojecten gebruikt worden. Sommige teams 'zeuren' bijvoorbeeld al langer over de aanschaf van een nieuwe mengmachine. Vervolgens krijgen ze zelf de ruimte om met verbeterprojecten zodanig veel te besparen in de huidige werkwijze, dat met dat geld die investering kan worden gedaan. Dat stimuleert veel medewerkers om hun best te doen. Een bijkomend effect is bovendien, dat diezelfde mensen dan met de verbeteraanpak van Six Sigma (DMAIC) ontdekken wat de achterliggende problemen zijn. Meestal zitten er nog zoveel verborgen oplossingen in de bestaande productieprocessen dat die nieuwe machine vaak niet eens nodig blijkt te zijn.

4 SHAPING A VISION: VRIJMAKEN VAN ENERGIE IN HOOFD ÉN HART

Aan de hand van een visie krijgt iedereen een voorstelling van de toekomst. Het wordt duidelijk hoe in de toekomst de producten en diensten tot stand zullen komen of eruit zullen zien. Een dergelijke visie is essentieel om richting te geven aan ieders eigen werk. Mensen binnen de organisatie begrijpen dan dat ze met behulp van Six Sigma in staat worden gesteld om de organisatie op een feitelijke, meetbare en doelgerichte manier vorm te geven in de gewenste richting.

Introductie

Een visie maakt het doel waarnaar wordt gestreefd expliciet; het is een beeld van de toekomst waar je enthousiast van wordt. Het is een voorstelling die voor zowel het gevoel als het verstand aantrekkelijk kan zijn. Een goede visie helpt bij het vrijmaken van energie. Niet alleen omdat het verstandig is, maar ook omdat mensen het ook echt wíllen; omdat het goed voelt. *Shaping a vision* is daarom ook een logische volgende stap in het op gang brengen van een Six Sigma-programma. Een visie zorgt ervoor dat het eindresultaat duidelijk wordt, het helpt om oplossingen concreet te maken en er kan beter gekozen worden uit oplossingsalternatieven. Dat maakt een visie zo belangrijk: het helpt bij het maken van keuzes bij de dagelijkse gang van zaken, omdat het helpt de link te leggen tussen wat je wilt bereiken en wat je daar dus voor moet doen. Bij elke keuze of maatregel wordt het mogelijk de vraag te stellen: 'In welke mate draagt dit bij aan het bereiken van ons einddoel?'

Wel aardig om te vermelden is dat er in het Nederlands niet echt een goede vertaling is voor het Engelse woord 'vision'. We vertalen het doorgaans met 'visie'. Visie betekent eigenlijk niets meer dan een zienswijze, een kijk, een beschouwing (*Van Dale*). Het Nederlandse woord 'visioen' komt veel dichter in de buurt, alleen heeft dat ook weer wat zweverigs in de vorm van 'droombeeld' of 'hallucinatie'. De werkelijke betekenis van 'vision' ligt daar zo'n beetje tussenin. Het is wel een droombeeld, maar dan een realistisch en ambitieus droombeeld. Pas als je er zelf in gelooft, kun je het geloofwaardig overbrengen op anderen. In kader van Six Sigma is het belangrijk dat dit droombeeld gedeeld wordt door de betrokkenen, dat er dus een gezamenlijke zienswijze of kijk op dat droombeeld is. Vandaar dat we voor het gemak het woord visie gebruiken.

'Bij ons is het, in het kader van Six Sigma, als volgt gegaan. Wij zitten de laatste tijd onder druk van afnemende werkgelegenheid door het verplaatsen van productie naar China. Om hier een productieorganisatie te kunnen houden is het een must dat we met het kostenniveau in de buurt van onze Chinese collega's blijven. Dit was een visie die buiten het Six Sigma-programma om al door ons management was geformuleerd. Het was duidelijk dat we dat niet zouden bereiken als we op dezelfde manier zouden blijven werken. We zouden rigoureus anders te werk moeten gaan in het oplossen van onze problemen en het structureel verbeteren van onze processen. Dat hebben we met Six Sigma gedaan. Wat we moesten bereiken werd door iedereen goed aangevoeld, zodat de gedeelde visie er eigenlijk al was. Een duidelijke en urgente "shared need" leidde bij ons dus direct naar de visie, namelijk: het wegnemen van die noodzaak. Uiteindelijk blijken we in de praktijk regelmatig nog het voordeligst te zijn ook. Zeker bij de kleinere en specialistische series.'

Bron: Six Sigma Champion.

Het concreet maken van een visie

Iedereen heeft een visie. Ze zit in je hoofd, ze zit in je hart. In het kader van een verbeterproject is de uitdaging niet zozeer het krijgen van een visie, maar het krijgen van dezelfde visie. Om dat te bewerkstelligen zal een visie concreet gemaakt moeten worden en expliciet moeten worden vastgelegd. Daardoor wordt de visie tastbaar, discussieerbaar en (misschien nog wel het belangrijkst) communiceerbaar.

Nu kun je een visie vastleggen in een mooi rapport of presentatie met veel sheets. Dat helpt bij de communicatie en kan het een en ander concreter maken. In de praktijk blijkt echter dat veel mensen rapporten niet of nauwelijks lezen, waardoor er toch verschillende inzichten blijven. Bij presentatiesheets geldt hetzelfde: niet iedereen is bij de presentatie aanwezig of de sheets worden door de presentatoren anders gepresenteerd, zodat verschillen ontstaan. Het beste is dan ook de visie vast te leggen in één zin, die mensen uit hun hoofd kunnen leren en die als slogan kan dienen in alle communicatie, een zogenaamd visie-statement. Een andere mogelijkheid is om een 'elevator speech' uit te schrijven, die uit het hoofd wordt geleerd. Dit is een korte monoloog van vijftien tot dertig seconden waarin kort wordt samengevat naar welke visie in de toekomst wordt gestreefd.
De essentie moet dus in slechts enkele zinnen worden verpakt. Een goede elevator speech sluit aan bij de verlangens en interessen van het publiek. Hij houdt de aandacht vast, legt uit waarom de activiteiten belangrijk zijn en hoe het eruit zal gaan zien. En vooral wanneer.

'Dit is de laatste visie van ons management!'

Een handige volgorde kan zijn om eerst het feitelijke probleem te vertellen, daarna de gekozen oplossingsrichting, om vervolgens af te ronden met het (meetbare) eindresultaat. Een voorbeeld: 'de grootste klacht van onze klanten is dat wij langzamer afleveren dan onze concurrenten. Wij leveren namelijk binnen drie dagen, terwijl de concurrentie binnen 24 uur levert. Wel zijn wij betrouwbaarder, doordat we in 90% van de gevallen ook echt leveren, terwijl de concurrentie dat slechts in 75% van de gevallen lukt. We zijn nu bezig om de doorlooptijd te verkorten met behoud van onze betrouwbaarheid door een gedegen procesanalyse en differentiatie van leveringstypen. Het is de doelstelling dat we voor het eind van dit jaar in staat zijn 80% van onze leveringstypen binnen 24 uur te kunnen garanderen en daar waar dat niet kan: binnen drie dagen te leveren maar dan wel met 99% zekerheid. Dit zal een grote bijdrage leveren aan de tevredenheid van onze klanten en dus ook aan het bedrijfsresultaat!'

'De visie van onze fabriek is om nu en in de toekomst beter dan gemiddeld te presteren dan de andere fabrieken binnen ons bedrijf. Dat lijkt een beetje een laffe visie, maar gelet op de trend dat steeds meer fabrieken worden gesloten of overgeplaatst naar lagelonenlanden, wel een visie waar een heel groot draagvlak voor is. Het gaat er ons om, gelet op de continuïteit, hoe we gezien worden binnen ons bedrijf. Het imago op basis van onze prestatie maakt het verschil tussen de garantie op doorgaan en sluiten. Het startpunt was dan ook om de efficiency van de productielijnen te optimaliseren en verspilling te minimaliseren. We gaan dus op andere business-aspecten toegevoegde waarde leveren. Immers op kostprijs per product alleen kunnen we het toch niet winnen van lagelonenlanden. Wel op creativiteit, flexibiliteit, snelle omstelsnelheid, groter portfolio, en dergelijke. Die visie is opgesplitst in wat wij strategische acties noemen: acties om de visie waar te maken. Uiteindelijk leidt dat dan zelfs naar een operationeel jaarplan per productielijn, dat door de teams zelf wordt uitgewerkt en dus zorgt voor resultaat en draagvlak.'

Bron: Six Sigma Champion.

Hoe kom je tot een visie?

Een goede visie komt voort uit de noodzaak tot verbetering. Een visie schetst de gewenste situatie om te komen tot het oplossen van de cruciale problemen. Maar hoe kom je nu gezamenlijk met een organisatie (groep mensen) tot een gezamenlijk beeld van wat je wilt bereiken?

Hier is geen eenduidig antwoord op te geven. Er leiden meer wegen naar Rome, dus het gaat te ver om hier de ideale route te kunnen geven. Dat is voornamelijk afhankelijk van de situatie waaruit men start. Is er veel weerstand? Hoe groot is de organisatie? Hoeveel mensen zijn daadwerkelijk betrokken? Welke personen willen en moeten een stem hebben in het bepalen van de visie? Is er een sterke leider en visionair aanwezig die een duidelijke visie heeft en uitdraagt? Welke politieke machten spelen er? Kortom, het proces van visie-creatie moet naar de situatie worden bepaald. De route die de meeste kans van slagen heeft (E = Q x A), zal als maatwerk gemaakt moeten worden.

'Bij ons bedrijf hebben we als eerste lichting Black Belts allereerst de missie van de organisatie geschreven (met Six Sigma daarin zeer duidelijk gepositioneerd). Vervolgens hebben we de doelstellingen gedefinieerd voor de eerste twee jaar (Q- en A-doelstellingen): twintig miljoen besparing en een gedragsdoelstelling. Uit deze doelstellingen volgden de KPI's waarmee we verbeterprojecten selecteerden. Het kon dus best zo zijn dat een eerste verbeterproject met minder financiële baten, maar meer zachte (bijvoorbeeld een bureaucratie "oplosproject") in het begin meer prioriteit kreeg. Daarmee konden we Six Sigma lanceren als iets echt nieuws.'
Bron: Six Sigma Black Belt.

Uiteraard is er een aantal hulpmiddelen beschikbaar voor het definiëren van een visie. Hoe deze worden toegepast, met welke deelnemers en wanneer, moet echter specifiek bepaald worden. De bekendste hulpmiddelen zijn:

- Succesbeschrijvingen: hierbij krijgen betrokkenen de opdracht een punt in de toekomst te nemen waarop de organisatie succesvol is en dat te beschrijven zoals zij dat zullen ervaren. Ze moeten dan aangeven hoe hun dagelijkse werk eruit zal zien en wat ze dagelijks zullen horen en zien. Daarnaast moeten ze aangeven wat hun gevoelens in een dergelijke successituatie zullen zijn. Wat zullen hun ervaringen en activiteiten zijn in de situatie van succes? Deze succesbeschrijvingen kunnen bijvoorbeeld in een workshop worden gepresenteerd en vergeleken. Daarna kan bijvoorbeeld een vervolgopdracht gedefinieerd worden om tot een gezamenlijke beschrijving van de successituatie te komen.
- Slogandefinitie: hierbij krijgen betrokkenen de opdracht om in enkele zinnen te beschrijven waarom het Six Sigma-programma bestaat en/of waarom zij onderdeel zijn van een verbeterteam. Dit moeten korte losse zinnen zijn, die de boodschap in zijn essentie beschrijven. Bijvoorbeeld: het verbeterteam is klaar als de herstelkosten per product met 90% zijn teruggebracht. Of: het Six Sigma-programma gaat ervoor zorgen dat de inkoopafdeling nooit meer de reden van productievertraging is. Een dergelijke slogan geeft dan altijd aan wat het primaire doel is waarnaar gestreefd wordt en wanneer het traject succesvol kan worden genoemd.

- Meer en minder schetsen: hierbij wordt aan betrokkenen gevraagd om aan te geven wat de indicatoren voor succes zijn. De vorm die daarvoor gekozen wordt, is om aan te geven waar er meer van zal zijn bij succes en waar er minder van zal zijn. Voorbeelden zijn: meer gemiddelde output per machine, meer variatie in producten, meer leveringen aan klanten binnen de afgesproken tijden, of minder fouten per product, minder klachten over roest, minder verstoring door ontbreken van materialen. Doordat deze succesindicatoren geformuleerd worden in meer en minder van iets, ligt de kwantificering al voor de hand. Vervolgens kunnen in bijvoorbeeld een workshop de meer en minder indicatoren geprioriteerd worden, waardoor een gezamenlijke visie ontstaat op wat er bereikt zal moeten worden.
- Elevator speech: hierbij wordt in een korte monoloog van vijftien seconden tot een halve minuut uiteengezet waartoe een Six Sigma-programma in het leven wordt geroepen. Hierover is in de voorgaande paragraaf al het een en ander gezegd. Belangrijk is dat deze speech aansluit bij de behoeften en interesses van degene die wordt aangesproken. Daarnaast is het het beste als de elevator speech niet alleen het waarom (het probleem) bevat, maar ook de oplossingsrichting en het gewenste resultaat.

Visie-evolutie

Hoelang moet je nu vasthouden aan een visie? Is die eeuwigdurend? Moet je pas stoppen als je je ideaal bereikt hebt? Of moet je steeds heroverwegen waar je naartoe wilt?

Een visie pas je aan. Een visie kijkt vooruit en moet dus aangepast worden in de tijd. Een visie is de richting die je met z'n allen loopt op weg naar een punt dat je in de toekomst wilt bereiken. Dat punt ligt echter aan de horizon, dus je komt er nooit echt. Six Sigma-programma's kenmerken zich door een lerend vermogen. Daardoor is de kans groot dat nieuwe inzichten leiden tot bijstelling van doelen en visie. Als je leert dat jouw visie niet realistisch of wellicht niet ambitieus genoeg is, dan moet je natuurlijk stoppen deze blind na te jagen. Visie-evolutie is dus een feit. Bovendien dwingen marktomstandigheden je er als bedrijf toe om je doelstellingen en dus ook de visie aan te passen. De klant bepaalt immers het succes.

Visie-evolutie

*'Het is geen perfecte visie,
maar we passen hem aan zodra we iets beters weten!'*

Zwalkend beleid (ontbreken van visie of snel veranderende visies) maakt een organisatie stuurloos. De te varen koers moet je niet binnen korte perioden veranderen. Wat uiterst belangrijk is, is dat je consistent bent als het gaat om jouw visie op het moment dat je een Six Sigma-programma start. De te varen koers is bepalend voor het succes. Wat nu de frequentie is waarin je wel jouw visie kunt veranderen, ligt niet hard vast. Dat hangt sterk af van de snelheid van de omgeving waarin verbeterd wordt. In de ene omgeving is een visie voor vijf jaar prima, in andere, hooginnovatieve omgevingen wordt soms slechts twee jaar vooruitgekeken.

'Wij zijn in ons bedrijf nieuwe verbeterprojecten aan het inventariseren die onze aspirant-Green Belts tijdens de training zullen uitvoeren. De visie is dat we met onze verbeterprojecten onze urgentste problemen structureel oplossen, maar voor sommige van die problemen is drie à vier maanden "wachten" op de oplossing te lang. Daarom zijn er nog steeds verbeteractiviteiten die we niet met Six Sigma aanpakken, hoewel ze zich er wel uitstekend voor zouden lenen. Dat doen we nog op de oude (oplossingsgerichte, niet meetbare) manier. Het verschil is dat we in de organisatie heel duidelijk maken dat we dat eigenlijk niet willen, maar dat we even onvoldoende Green Belts hebben. Wat we proberen te doen om toch een zo goed mogelijk resultaat te halen, is zo veel mogelijk op basis van feiten werken. Ik ben nu als coach bij een aantal van deze verbeterprojecten betrokken om de aanpak van deze teams zo veel mogelijk in het Six Sigma-stramien te krijgen. Maar dan niet zo expliciet en zonder de formele reviews en andere aandacht die onze reguliere Green Belts wel krijgen. Het mooie is nu dat er inderdaad verschillen in resultaat beginnen te ontstaan die terug te voeren zijn op de aanpak. Dat buit ik dan weer uit om aan te geven hoe mooi het is als we straks allemaal op de Six Sigma-manier onze problemen oplossen.'

Bron: Six Sigma Black Belt.

Visie versus gedrag

Visie geeft de kaders aan waar je naar streeft. Het is de richting van je beweging. En over die beweging gaat het in veranderingstrajecten. Verandering betekent namelijk: verandering van gedrag. Het is de bedoeling dat er in Six Sigma-programma's ander gedrag tot stand komt. Een visie helpt om die verandering te sturen. Maar wat nu als operationeel gedrag in strijd is met de visie? Korte termijn en lange termijn gaan namelijk vaak niet hand in hand, dus kan het voorkomen dat gedrag haaks staat op de visie. Het moet voor iedereen steeds duidelijk zijn dat een eventuele afwijking van de visie nooit 'normaal' kan zijn. Hooguit een tijdelijk noodzakelijk kwaad. De redenen om af te wijken moeten dus zwaarwegend genoeg zijn en er moet dan ook een expliciete managementbeslissing aan ten grondslag liggen. Als dat niet het geval is, dan dient er gecorrigeerd te worden.

'Vaak zijn belangrijke invloeden van buitenaf wel naar mensen uit te leggen en is het heel logisch dat de koers wat omgebogen wordt. Uiteraard moet je als leider, als je een enthousiast betoog hebt gehouden over je visie, niet plotseling je koers volledig wijzigen. Je praat eerder van een correctie door "een stroming van de dwarsrichting". Wij worden in ons bedrijf bijvoorbeeld gedwongen om te sturen op nog verdere verlaging van kosten en minder op innovaties die op lange termijn gegarandeerd zullen gaan scoren. We blijven de lange termijn lijn wel vasthouden, maar medewerkers begrijpen dat bijsturen voor de korte termijn eventjes nodig is. Wat niet verandert, zijn de gedragskenmerken en de verbeteraanpak. Je laat nooit je kaders los.'

Bron: Six Sigma Sponsor.

Maar wat heb je daar nu aan, aan zo'n visie? Wordt het leven daar mooier van? Kun je beter je werk doen? Gaat het verbeteren opeens een stuk makkelijker? Het in beweging krijgen van een organisatie is al niet makkelijk, maar als dat dan lukt, moet je er wel voor zorgen dat die beweging dezelfde kant op gaat en ook nog eens de goede. Verandering kost namelijk energie. Die energie moet wel goed besteed worden, anders is het niet alleen verspilling, maar levert het ook frustratie op. Bovendien kost het een volgende keer dubbel zoveel energie om tot verandering te komen, door die frustratie.

'Feitelijk stuur je op de visie en de daaraan verbonden succesbepalende acties. Het gedrag dat bij de visie past, wordt veelal genoemd in core values (dat is in ons bedrijf bijvoorbeeld: proactief gedrag, verantwoordelijkheid nemen, respect en uitmuntendheid). Voor deze zaken zijn programma's gemaakt. Het doel is dat mensen zich bewust zijn van deze zaken. Vaak geeft dit niet het echte resultaat. Waar het bij veranderingen om gaat, is dat er geleerd wordt door de mensen. Duidelijke kaders stellen en op deze kaders sturen. En wel net zolang als nodig is. Het einde moet zijn, dat mensen gaan acteren volgens de kaders. In de praktijk moet dan blijken dat men zich ermee identificeert en dat men zelflerend is. De leider heeft daar natuurlijk een grote rol in. Deze moet feitelijk begrijpen hoe er geleerd wordt en wat dat dan betekent om dit te herkennen. Wij staan voor deze stap. Het managen op afspraken is heel

belangrijk, evenals een consistent, proactief gedrag van de leider. Als je een proactieve houding in je organisatie verwacht, moet je ook kunnen benoemen wat je in de praktijk zou willen zien. Hier stuur je dan vervolgens op. De truc is dan wel dat je probeert om deze in dialoog met je team vast te stellen. Proactief zijn wordt dus directief opgelegd. Wat je wilt zien is de vertaalslag bij je mensen. Je wilt zien dat ze vanuit de visie gaan denken en zich in die lijn gaan gedragen.'

Bron: Six Sigma Sponsor.

Conclusie

Een visie is noodzakelijk voor het uitdragen van een Six Sigma-programma en voor het maken van operationele keuzes. 'Wat willen we bereiken en in welke mate draagt deze actie daartoe bij?' moet een vraag zijn die constant door betrokkenen wordt gesteld. Een goede visie sluit aan bij de noodzaak tot verbetering en wordt door betrokkenen geleefd: zowel met het hoofd (verstand) als met het hart (gevoel). Het ontwikkelen van een visie is een proces waar betrokkenen gezamenlijk doorheen moeten. Dit proces is uniek voor iedere organisatie of organisatie-onderdeel. Diverse hulpmiddelen zijn aanwezig om te helpen bij het concreet krijgen en expliciet maken van een visie. Het expliciet maken en delen van de visie is essentieel om tot resultaat te leiden.

Checklist

KRITISCHE SUCCESFACTOREN

Zorg ervoor dat:

- de toekomstvisie expliciet is vastgelegd en dat voor eenieder duidelijk is wat gedaan zal moeten worden om die toekomst te realiseren.
- de expliciete visie richtinggevend is voor verbeterprojecten.
- de visie expliciet en frequent wordt gecommuniceerd: herhalen van de boodschap is een voorwaarde voor blijvende verandering.
- bij het formuleren van de visie gekeken wordt naar de combinatie van een goede visie en een gedragen visie (E = Q x A).

- een visie regelmatig wordt aangepast op ontwikkelingen in de omgeving en op basis van praktijkresultaten en inzichten.
- beslissingen die tegen de visie ingaan doordat ze voor de korte termijn noodzakelijk zijn, altijd expliciet onderbouwd en beargumenteerd worden en dat dit te allen tijde een managementbeslissing is.

VALKUILEN EN POTENTIËLE FOUTEN

Pas ervoor op dat:

- een visie dusdanig vaag is omschreven dat ze voor verschillende belanghebbenden iets anders betekent. Beschrijf een visie meetbaar.
- een visie een eigen leven gaat leiden. Stel de visie dan ook regelmatig ter discussie en pas deze aan omstandigheden en inzichten aan.
- een visie niet in kortetermijndoelen is vastgelegd; het is niet de bedoeling dat de visie elk jaar opnieuw moet worden bepaald.

AANBEVELINGEN

Probeer:

- altijd duidelijk te maken en te communiceren waarom een verbeterproject direct bijdraagt aan de visie.
- bij operationele keuzes de visie te betrekken door de vraag te stellen: 'als we dit doen, hoe brengt dat ons dan dichter bij ons doel?'
- de visie vast te leggen in een vision statement en elevator speech, hulpmiddelen om heel snel en bondig duidelijk te maken waarom het Six Sigma-programma essentieel is richting de toekomst.
- expliciet en meetbaar te beschrijven hoe succes eruitziet.
- regelmatig de visie extra waarde te geven door beslissingen te nemen of investeringen te doen die op korte termijn geen bijdrage hebben.

CASE MOBILIZING COMMITMENT

Commitment bij Groetelaers wordt gezien als iets heel belangrijks. Het zo veel mogelijk neerleggen van verbeteractiviteiten bij de uitvoerende medewerkers blijkt daarin zeer succesvol. Veel medewerkers blijken hele goede ideeën te genereren en staan vaak verbaasd van zichzelf over wat ze eigenlijk al jaren aan mogelijkheden hebben laten liggen. De kern van het motivatiebeleid bij Groetelaers is dan ook: het creëren van beslis- en verbeterruimte voor de individuele medewerkers in de verbeterprojecten. Daarmee krijgen ze het gevoel dat ze zelf daadwerkelijk het verschil kunnen en mogen maken. Wel is het zo dat ze dat dan via Six Sigma moeten doen. Dus: eerst data verzamelen en analyseren alvorens conclusies te trekken en veranderingen door te voeren. Er is veel ruimte voor verbetering, maar voorgestelde veranderingen moeten wel onderbouwd worden en aannames worden ter discussie gesteld.

Weerstand is een ander punt bij het bedrijf. 'Weerstand heb je altijd' is de stelling van zowel de directeur als van de Black Belts. Wel is men ervan overtuigd dat veel redenen voor weerstand kunnen worden weggenomen voordat je er last van krijgt. Belangrijke redenen voor weerstand zijn namelijk onbekendheid, angst of conservatisme. Door duidelijk en eerlijk te communiceren en steeds het belang voor Groetelaers als geheel uit te dragen kun je veel weerstand elimineren. Daarbij benadrukt het bedrijf altijd het belang voor de individuele medewerker: meer vrijheid, meer budgettaire ruimte, meer kans voor investeringen, minder gedoe, et cetera.

Voorbeeldprojecten, voorbeeldgedrag van het management en operationele successen werken heel goed om de twijfelaars over de streep te trekken. Een van de voorbeelden van Groetelaers is het verbeterproject waarbij met een team een hele dag gewerkt is om de omsteltijd van een kneedmachine terug te brengen. Het bleek mogelijk met wat pragmatische en beperkte investeringen deze te verlagen van anderhalf uur naar in het gunstigste geval zes minuten. Reken daarbij dat er wekelijks twee keer moet worden omgesteld op deze machine en de winst moge duidelijk zijn. Het vreemde is dat aan het begin iedereen vrij cynisch was over de haalbaarheid en het nut ervan. Aan het einde van die dag was het hele team om. Niemand vermoedde dat het in zes minuten kon en het team was verbaasd over de gezamenlijke prestatie.

In een ander verbeterproject werd geprobeerd de capaciteit van een ovenmachine te vergroten. Vooraf waren de kenners er al helemaal van overtuigd dat er een investering van € 150.000,— nodig was voor een betere en snellere aandrijving en band. Het verbeterproject eiste om eerst te gaan meten en de oorzaken van eventueel prestatieverlies in kaart te brengen. Uiteindelijk bleek er een constructiefout in de machine te zitten en tevens bleek dat een verhittingselement al een tijdje kapot was zonder dat dit opgemerkt was. Het verbeterproject kwam door het meten dan ook al snel tot de conclusie dat met wat kleine ingrepen de capaciteit van de machine nog zeker verdubbeld kon worden. Aan het begin was men er echt van overtuigd dat er voor anderhalve ton geïnvesteerd moest worden. De Six Sigma-structuur en projectaanpak was de reden dat dit toch niet nodig was. Dergelijke voorbeeldprojecten en de verhalen van de teamleden van dit verbeterproject werken perfect in het verkrijgen van commitment.

Tot slot wordt heel bewust op commitment van medewerkers gestuurd door te belonen. Niet individueel, want verbeteren is niets aparts: het hoort bij een professionele houding. Wel belonen als groep en meer verantwoordelijkheden geven als men heeft laten zien zelfstandig succes te kunnen bewerkstelligen. Beloningen op individueel niveau zijn er wel, alleen niet direct financieel: complimenten, aandacht, feestjes, certificaten en carrièrekansen. Door de hele organisatie heen ontstaat een gevoel van: 'zorg dat je erbij bent.' Vooral de doorgroei van Green Belt naar Black Belt en van Black Belt naar managementposities is daarin belangrijk. Daarmee wordt ervoor gezorgd dat na verloop van tijd op alle cruciale managementposities voormalige Black Belts zitten (want bij hen zit Six Sigma in de genen). Continu verbeteren is daardoor een voorwaarde voor promotie.

5 MOBILIZING COMMITMENT: EEN NUTTIGE VERANDERING HEEFT ALTIJD DRAAGVLAK

Mobilizing commitment gaat over het vrijmaken van energie en het creëren van draagvlak voor een Six Sigma-programma. De basis van het mobiliseren van commitment bestaat eruit dat mensen zelf beslissen. Dat is belangrijk omdat het de macht legt daar waar de kennis voor verbetering ligt. Het is daarom nodig te weten wie de stakeholders zijn, welke weerstand ze hebben en wie je via welke actie mee kunt krijgen. Daarnaast is het belangrijk om de eerste successen breed in de organisatie uit te dragen en de eerste verbeterprojecten dus ook op potentieel succes en impact te selecteren.

Introductie

Commitment is een noodzaak om Six Sigma te verankeren. De basisvoorwaarden zijn al uitvoerig in de voorgaande hoofdstukken besproken. Dit hoofdstuk bouwt daarop voort als we het gaan hebben over het mobiliseren van commitment.

'Mobiliseren van commitment is bij ons in een beperkte mate een expliciete stap geweest. Om Six Sigma succesvol te kunnen implementeren is er vanuit het management commitment nodig. De aanzet tot het invoeren van Six Sigma is bij ons ook vanuit de directie gekomen, via de algemeen directeur. Om het programma in te kunnen voeren heeft hij de overige MT-leden geïnformeerd over het bestaan van Six Sigma en hen na laten denken over eventuele invoering bij ons bedrijf. Na enige tijd is er een eendaagse training voor de MT-leden georganiseerd. Dit had tot

resultaat dat het volledige MT het nut en toepasbaarheid van Six Sigma binnen ons bedrijf is gaan inzien en het besluit tot invoering genomen werd. Hiermee is er echter nog geen echt commitment bereikt, maar eerder "bereidheid". Om echte commitment te krijgen is besloten om drie medewerkers vrij te maken van hun reguliere taken en als Black Belt op te leiden. Deze personen kunnen aan het MT laten zien welke resultaten Six Sigma kan genereren.'

Bron: Six Sigma Black Belt.

Voordat echter dieper wordt ingegaan op verkrijgen van commitment willen we benadrukken dat dit hoofdstuk niet op zichzelf kan staan. Het mobiliseren van commitment op het uitvoerende niveau bouwt voor het grootste deel voort op het fundament van basisvoorwaarden. Met andere woorden: de in dit hoofdstuk behandelde aspecten voor het verkrijgen van commitment zijn weliswaar essentieel en verdienen de nodige aandacht, echter, zonder dat aan de voorwaarden uit de vorige hoofdstukken is voldaan heeft het mobiliseren van commitment maar beperkte zin. In dit hoofdstuk wordt ingegaan op het krijgen van commitment op het uitvoerende niveau. Dat spitst zich toe op het versterken van de drang naar verandering en het verzwakken van de remmende krachten op verandering. Daarvoor behandelt dit hoofdstuk twee hoofdzaken voor commitment: het vergroten van betrokkenheid en hoe om te gaan met weerstand.
Betrokkenheid: omdat betrokkenheid van medewerkers leidt tot een persoonlijke verantwoordelijkheid in het verbeterproces en als zodanig zorgt voor een maximale energie en inzet.
Weerstand: omdat weerstand de belangrijkste reactie is en eveneens de belangrijkste rem op verandering. Door weerstand te kanaliseren en te neutraliseren zullen de verbeteringen sneller en sterker optreden.

Vergroten van betrokkenheid

Literatuur over verandermanagement gaat er vaak van uit dat mensen niet willen veranderen en een natuurlijke neiging tot weerstand hebben. Dat is maar beperkt waar. Wanneer iedereen direct de voordelen van een verandering inziet en deze ook merkt, is er vaak helemaal geen weerstand. Het werken aan draagvlak, het terugbrengen van weerstand, het motiveren van mensen, is dus vaak nodig wanneer die voordelen helemaal niet zo evident zijn. In dit boek gaan we er niet vanuit dat je mensen dusdanig kunt manipuleren dat ze alles doen wat je maar wilt. In dit boek gaan we ervan uit dat vergroten van betrokkenheid een positieve bijdrage heeft op commitment. Daarvoor zijn twee redenen. Ten eerste vergroot betrokkenheid de invloed op verandering. Ten tweede vergroot betrokkenheid het inzicht en zorgt voor duidelijkheid.

Betrokkenheid vergroten lukt ook vaak door het creëren van een hulpvraag. Door onmogelijke opdrachten of moeilijk haalbare targets neer te leggen zal de situatie ontstaan waarbij het medewerkers niet meer lukt om binnen de gebruikelijke werkwijzen daaraan te voldoen. De daaruit voortvloeiende vraag om hulp is een signaal van betrokkenheid. Daar kan goed op worden doorgebouwd door bijvoorbeeld een verbeterproject te starten om het onderliggende proces te doorgronden en te verbeteren.

'Een voorbeeld dat ik regelmatig gebruik in ons bedrijf is: de medische wereld. Ik vraag dan of iemand een harttransplantatie toe zou staan zonder te weten waarom dit eigenlijk precies nodig is, wat de alternatieven zijn en of dit echt de allerbeste oplossing is. Nee, natuurlijk niet. Maar toch proberen veel mensen dat in organisaties wel vaak. Besluiten van 'de directie' worden lang niet altijd begrepen, maar kunnen drastische persoonlijke gevolgen hebben voor de direct betrokkenen. Is het dan raar dat er soms weerstand ontstaat? Een besluit dat goed onderbouwd is, waarbij de direct betrokkenen de mogelijkheid gehad hebben om mee te praten over het probleem en de mogelijke oplossingen, en waarbij het duidelijk is dat er één oplossing de beste is (of dat het duidelijk is dat iemand een keuze moet maken tussen ongeveer gelijke oplossingsrichtingen), wordt per definitie beter gedragen en de operatie zal dan ook slagen.'
Bron: Six Sigma Black Belt.

EEN OMGEVING WAARIN GELEERD MAG WORDEN

Hiervoor is al aangegeven dat een Six Sigma-programma streeft om door vaste waarden en aannamen heen te breken. Het zoekt oplossingen buiten de gevestigde kaders. Dat lukt alleen door te leren. Leren lukt echter alleen in een omgeving waarin geleerd *mag* worden. Dus ook: een omgeving waarin fouten mogen worden gemaakt en fouten worden toegegeven. Sterker nog: om te leren moet je fouten maken. Leren lukt alleen als er in een organisatie of in een verbeterproject een atmosfeer heerst van vertrouwen en niet van angst, zodat fouten kunnen worden toegegeven en er ruimte is om te experimenteren. Hierbij hoort het risico dat er wel eens iets misgaat. Dat is op zichzelf helemaal niet verkeerd, zolang er maar van wordt geleerd. Een dergelijke sfeer (of: cultuur) is essentieel voor succesvolle verandering. Betrokkenheid neemt toe als er geleerd mag worden en er geen angst voor fouten heerst.

HET UITWERKEN VAN EEN VISIE TOT OPERATIONEEL GEDRAG

Commitment zou je in principe niet hoeven te verkrijgen. Als het goed is, komt commitment voor verbeteringen voort uit leiderschap, behoefte en een visie. Dit zijn abstracte concepten die niet uit zichzelf leiden tot veranderingen op de werkvloer. De visie zou daarin echter de leidraad behoren te zijn. Vandaar de logische vraag hoe je ervoor kunt zorgen dat een visie omgezet wordt in aangepast operationeel gedrag. Alleen bedenken hoe operationeel gedrag eruit zou moeten zien is echter niet genoeg om ook operationeel gedrag te krijgen. Hiervoor is nog een tweede slag nodig. Er moet een analyse worden gemaakt van het verschil in gedrag tussen de huidige en de gewenste situatie. Dit verschil geeft aan waar de veranderingsstrategie zich op moet gaan richten. De laatste stap is dan het opstellen van een roadmap voor de aankomende periodes (jarenplan), budget en opleiding. Deze roadmap is dan de leidraad voor doelstellingen en KPI's.

'Het hebben van een heldere visie en duidelijke door de organisatie gedeelde strategie is niet altijd vanzelfsprekend. In onze organisatie gaat het al jaren goed en heeft men nooit echt stilgestaan bij het opstellen van een visie. Iedere afdeling stelde zijn eigen doelstellingen naar eigen

inzicht op. Een echte samenhang tussen de doelstellingen van de afdelingen was er daarom niet. Ook het feit dat er nooit een echte crisissituatie is geweest maakte dat de doelstellingen dan ook intern gericht waren. De noodzaak tot invoering van Six Sigma was daardoor niet bij iedereen duidelijk. Het MT was op dat moment bezig een nieuw strategisch plan te schrijven voor de komende jaren, waarbij het maken van een SWOT-analyse een onderdeel vormde. Het idee is toen naar voren gekomen om bij het maken van de SWOT-analyse een grotere groep medewerkers te betrekken. Hierdoor werden medewerkers "gedwongen" na te denken over ontwikkelingen buiten de organisatie en deze te spiegelen aan de ontwikkelingen in de organisatie. Hierdoor is een groter besef ontstaan voor de noodzaak tot bepaalde verbeteringen en werden (afdelings)doelstellingen ook gedefinieerd op basis van het meerjarenplan.'

Bron: Six Sigma Black Belt.

Hoe om te gaan met weerstand?

Weerstand is een ingrediënt dat bij elk veranderingstraject de kop opsteekt. Weerstand is een reactie die volgt op een veranderende actie:

- Verandering wordt intuïtief gezien als synoniem voor verlies. Biologisch gezien hebben mensen de reactie om verlies te bestrijden. Weerstand is één manier hiervoor. Mensen die weerstand vertonen, zijn vaak heel betrokken, alleen hun betrokkenheid stuurt de tegengestelde richting op. Onverschilligheid leidt namelijk niet tot weerstand.
- Verandering wordt alleen als wenselijk beschouwd als mensen zelf de controle over veranderingen hebben, omdat ze daardoor de mogelijkheid hebben hier winst uit te halen. Veranderingstrajecten in werkomgevingen worden doorgaans opgelegd, waardoor de natuurlijke controle over veranderingen afwezig is. De kans op winst lijkt daardoor lager, wat wederom een reactie van weerstand geeft. Mensen willen wel veranderen, maar willen niet veranderd *worden*.

'Op een gegeven moment werd de directie van onze firma door een bureau benaderd om eens te praten over het uitvoeren van onderhoud

aan onze productiemiddelen. Tot die tijd is dit onderhoud altijd uitgevoerd door de eigen Technische Dienst. Volgens het bureau konden zij het onderhoud van de machines 20% goedkoper uitvoeren dan de eigen afdeling. De directie stelde voor om een benchmark te laten houden om de prestatie van de eigen TD te kunnen beoordelen. Aangezien outsourcing van de onderhoudstaken natuurlijk consequenties zou hebben voor werknemers is ook de OR hierbij betrokken. Er was inmiddels al veel onrust binnen de onderhoudsploeg van de TD ontstaan en er heerste veel weerstand tegen de voorstellen. De ondernemingsraad heeft daarop voorgesteld er een verbeterproject van te maken. Dit met het doel de kostenbesparing binnenshuis te realiseren zonder dat dit directe negatieve gevolgen zou hebben voor de werknemers. Dit plan werd zeer enthousiast ontvangen waarbij de vorm van uitvoering het positiefst ervaren werd. Het verbeterproject werd dusdanig opgezet dat er verschillende werkgroepjes deelprojecten uit gingen voeren. Deze deelprojecten werden door Green Belts geleid, waarbij de medewerkers van de TD als teamleden betrokken werden. De werkgroepen zijn daarop zeer enthousiast aan de slag gegaan en de noodzaak tot veranderen werd ook al snel onderkend: er was zeker veel te verbeteren, terwijl dit in eerste instantie niet zo leek. Op het moment dat de verbetervoorstellen besproken werden met het management veranderde deze situatie echter. Door miscommunicatie kreeg men de indruk dat de eigen invloed op de verbetering door het management werd teruggedraaid. Dit leidde tot weerstand tegen de veranderingen die men zelf voorgesteld had. Pas toen duidelijk werd dat men zelf wel controle behield, nam de weerstand weer af.'

Bron: Six Sigma Black Belt.

Een aardige oefening om de natuurlijke drang naar weerstand te illustreren wordt beschreven in *Making Six Sigma Last* van George Eckes. De oefening is vrij eenvoudig. Een groep mensen wordt opgedeeld in paren. Bij oneven aantallen wordt één deelnemer bevorderd tot assistent van de cursusleider met de taak goed te observeren en later verslag te doen. De oefening kent één hoofdregel: het is tijdens de oefening niet toegestaan om negatief gedrag te vertonen of negatieve geluiden te laten horen, omdat anders de opdracht zal mislukken. Vervolgens krijgt men de opdracht om elkaar de rug toe te keren en vijf dingen aan henzelf te veranderen. Daarna moet iedereen zich weer omdraaien en de veranderingen bij de ander zien te vinden. Dit leidt doorgaans tot veel hilariteit en haast iedereen is goed in staat vijf zaken te veranderen. Aan de hoofdregel van de opdracht wordt dus (nog) voldaan. Daarbij valt soms al op dat de deelnemers voor het grootste deel iets uittrekken of afdoen (bril, stropdas, horloge, schoen, colbert) en voor een beperkt deel iets aanpassen (haar door de war, mouwen opstropen, stropdas losser, horloge naar andere pols). Bijna niemand in de groep voegt iets aan zichzelf toe (pen achter oor, jas aantrekken, boek vasthouden).

Nadat eenieder gezien heeft wat de ander veranderd heeft, krijgt de groep de opdracht om elkaar wederom de rug toe te keren en vervolgens nog eens tien andere dingen aan zichzelf te veranderen. De reactie is doorgaans bij alle groepen hetzelfde: iedereen begint te mopperen en klaagt dat dat toch echt onmogelijk is. Als leider van de oefening is het dan taak de groep streng te wijzen op de hoofdregel van de opdracht: geen negatief gedrag of negatieve geluiden laten horen. Met moeite lukt het een aantal om tien dingen te veranderen. Sommige deelnemers zullen weigeren om aan de opdracht te voldoen, lopen weg of gaan demonstratief zitten. Vervolgens moet iedereen zich weer omdraaien om de veranderingen bij de ander te zien. Wederom zullen de veranderingen voornamelijk bestaan uit het weglaten van zaken.

Daarna volgt de evaluatie van de opdracht, bijvoorbeeld door de oneven kandidaat (assistent) verslag te laten doen van diens observaties. Het is zaak de groep te wijzen op de belangrijkste leerpunten van de oefening:

- Veranderen wordt intuïtief geassocieerd met verlies, in mindere mate met aanpassing en maar voor een klein deel met uitbreiding.
- Veranderen kan leuk zijn (eerste stap in de opdracht) als het te overzien is en men zelf controle heeft.
- Het doorvoeren van een groot aantal veranderingen blijkt voor veel mensen moeilijk doordat ze maar een beperkt aantal zaken menen te kunnen weglaten of te verplaatsen. Toevoegen vergeet men.

- Het krijgen van een opdracht tot het doen van (een groot aantal) veranderingen leidt tot gemopper en soms zelfs weigering.
- Ook al is het uitblijven van negatieve geluiden of gedrag een expliciete voorwaarde voor het slagen van de opdracht: toch gebeurt het. Weerstand blijkt een logisch gevolg van verandering.

Wat onder meer uit een dergelijke oefening blijkt, is dat het een illusie is om te denken dat weerstand voorkomen kan worden. Verandering wordt direct geassocieerd met dreigend verlies; dreigend verlies veroorzaakt weerstand. Weerstand bij invoering van Six Sigma is er eigenlijk altijd wel. Onbekendheid zorgt ervoor dat het als een bedreiging voelt. Het initiatief voor Six Sigma van een ander zorgt voor een gevoel van te weinig controle. Het wegnemen van bestaande zekerheden zorgt voor gevoelens van verlies. Individuen worden ondergeschikt gemaakt aan de doelen en processen in een organisatie. Natuurlijk leidt dat in eerste instantie tot weerstand. Zeker bij de lokale helden, de technisch verantwoordelijken en het middenmanagement. Velen krijgen het gevoel dat de 'nieuwe' Black Belts meer macht en controle krijgen, die ten koste gaat van eigen macht en controle. Leiderschap van het management is essentieel om weerstand te voorkomen en inzichtelijk te maken dat Six Sigma kansen schept en eigen inbreng vergroot.

SOORTEN WEERSTAND

Doorgaans worden vier verschillende soorten weerstand onderkend:

- Technische weerstand, die voortkomt uit een gebrek aan kennis en ervaring. Technische weerstand is van het soort: 'wat de boer niet kent dat eet hij niet'. Onzekerheid rond nieuwe methoden en het gebrek aan ervaring leidt van nature tot weerstand. Training en oefening zijn de geijkte maatregelen om technische weerstand te verlagen.
- Politieke weerstand, die voortkomt uit een dreigende verschuiving in machtsverhoudingen. Diegenen die de verwachting hebben dat er aan hun mate van invloed zal worden getornd zullen alles binnen de geldende machtsverhouding doen om tegen te werken. Als het waar is dat de beoogde veranderingen zullen leiden tot afname van invloed van personen is het belangrijk daar ook eerlijk over te zijn. Tegelijkertijd bieden veranderingen in organisaties ook altijd kansen.

- Organisatorische weerstand, die voortkomt uit het ontbreken van controle over het veranderingsproces. Dit wordt ook wel het 'not-invented-here-syndroom' genoemd. Organisatorische weerstand lijkt op politieke weerstand, maar hier gaat het niet om individuele macht, maar om controle van de mensen in de organisatie in het veranderingsproces. Maatregelen om dergelijke weerstand te verzwakken liggen dan ook niet op het individuele vlak, maar meer in het openstellen van het veranderingstraject en het vergroten van de algemene betrokkenheid.
- Individuele weerstand, die voortkomt uit een persoonlijke vorm van conservatisme. Sommige mensen houden niet van verandering, hoe goed bedoeld dan ook. Sommige mensen associëren verandering met persoonlijke stress en doen er alles aan om dergelijke stress te voorkomen. Dit is een lastige vorm van weerstand omdat het heel diep op de persoonlijke karaktereigenschappen van een individu ingaat. De best passende maatregel is om ervoor te zorgen dat het stressniveau van andere aspecten (werkdruk, verantwoordelijkheden, privé-omstandigheden) voor een bepaalde periode worden verlaagd, zodat er meer energie beschikbaar is om de veranderingen door te voeren.

Uiteraard zijn deze vier vormen van weerstand altijd in combinaties aanwezig en zullen ze verschillen van organisatie tot organisatie en van individu tot individu. Het is van belang om expliciet het huidige commitment en het gewenste commitment in kaart te brengen, zodat heel gerichte maatregelen genomen kunnen worden.

Betrokkene	**Sterke tegenstander**	**Matige tegenstander**	**Laat het toe**	**Helpt actief**	**Trekt en duwt**
Directeur				Beoogd	Nu
QA-manager			Nu	Beoogd	
Teamleider		Nu			Beoogd
Operator			Nu	Beoogd	

Betrokkene	**Soort weerstand**	**Onderliggende oorzaak**	**Strategie**
Directeur	Geen	Zeer sterk overtuigd van Six Sigma en doet veel zelf om snelheid te maken.	Afremmen van directe betrokkenheid, vergroten van kaderstelling en faciliteren.
QA-manager	Politiek	Terugbrengen van problemen verkleint de noodzaak voor een sterke en omvangrijke kwaliteitsdienst en dus het terugbrengen van invloed en noodzaak.	Vergroten van de invloed in de prioritering van problematiek op basis van ervaringen in de kwaliteitsdienst. Tevens uitbreiden van de portefeuille van de QA-manager door hem ook verantwoordelijk te maken voor de coördinatie van verbeterprogramma's.
Teamleider	Individueel	Teamleiders worden momenteel geconfronteerd met sterke druk op prestatieverbetering in combinatie met toenemende kwaliteitsproblemen die ze tegelijkertijd moeten oplossen.	Doelstellingen tot prestatieverbetering tijdelijk secundair maken. Een combinatie maken met terugdringen van kwaliteitsproblemen samen met het invoeren van Six Sigma-verbetercycli. Als bijeffect zullen daardoor prestaties evengoed stijgen, maar de druk wordt weggenomen bij de teamleiders.
Operator	Technisch	Onduidelijkheid over de impact van Six Sigma op het persoonlijke werk en werkgarantie.	Opleiding van operatoren in het uitvoeren van DMAIC-verbetercycli in combinatie met uitgebreide communicatie van de wijzen waarop prestatiewinsten zullen worden geïnvesteerd in het bedrijf zelf.

'Green Belts moeten tijdens hun opleiding het geleerde in praktijk brengen door het uitvoeren van een verbeterproject. Verbeterprojecten worden alleen niet door één persoon uitgevoerd, maar door een projectteam. De Green Belt is in het kader van dit trainingstraject de projectleider. Binnen onze organisatie hebben alle medewerkers daarom een basistraining in Six Sigma gekregen. Deze basistraining is niet gegeven aan medewerkers van de sociale werkplaats. Een aantal inpakprocessen binnen onze organisatie worden op onze locatie uitgevoerd door deze groep. Eén van de Green Belts had een verbeterproject met de medewerkers van de

sociale werkplaats. Zij hadden aanvankelijk een behoorlijke weerstand ten aanzien van het verbeterproject en op echte medewerking kon niet gerekend worden. Al snel werd duidelijk dat het probleem te wijten was aan onbekendheid met de methodiek. Daarom is aan het projectteam toch ook de basistraining gegeven. Opvallend was het enthousiasme wat daarop volgde. Waar eerst zeer sceptisch gereageerd werd, zag men nu allemaal mogelijkheden. Het doel van het verbeterproject was gericht op procesversnelling. Al snel had het team een aantal verbeteringen aangedragen die inderdaad het proces behoorlijk versnelden. Na de eerste metingen werd aan het projectteam gevraagd wat hun ervaringen waren, zonder dat de meetresultaten bekendgemaakt waren. Ze vonden allen dat het proces soepel liep en men had niet de indruk dat men harder moest werken. Pas toen bekendgemaakt werd dat er een verbetering van 40% bereikt was, kwamen er geluiden dat de werkdruk te hoog lag!'

Bron: Six Sigma Black Belt.

In de gemiddelde organisatie zijn er eigenlijk drie groepen medewerkers te onderscheiden: de enthousiastelingen (early adopters), de afwachtenden (silent majority) en de echte tegenstanders. Echte voorstanders en echte tegenstanders zijn over het algemeen in de minderheid. De groep tegenstanders levert de weerstand op die het slagen van Six Sigma in gevaar brengt. Een natuurlijke reactie op die weerstand is: het direct bestrijden ervan. Dat betekent dan in de praktijk dat de aandacht uitgaat naar diegenen die de weerstand bieden. Juist deze groep, die relatief klein is, zal daarom veel energie en tijd op gaan eisen, waardoor de groep twijfelaars (grootste groep) minder aandacht krijgt. Daarnaast leidt het bestrijden van weerstand tot meer weerstand (derde wet van Newton: actie = reactie).

'Onze laatste maatregel ter reductie van weerstand is bijzonder effectief!'

Het is belangrijk de meeste tijd en energie te steken in de groep twijfelaars. Zij moeten namelijk overgaan naar de groep enthousiastelingen. Hiermee wordt de kans ook verkleind dat degenen die weerstand bieden, twijfelaars met zich mee zullen trekken. Met andere woorden: de juiste tactiek is het koesteren en naar voren schuiven van de enthousiastelingen, het stimuleren en begeleiden van de twijfelaars en het zo veel mogelijk negeren en isoleren van de tegenstanders. Daarmee wordt de tijd voor het mobiliseren van commitment in de juiste balans besteed.

'Na de opleiding van de eerste groep Green Belts binnen onze organisatie afgerond te hebben, is geëvalueerd welke problemen aangepakt moesten worden voordat we konden starten met de volgende ronde. Het gevoel bestond dat de Green Belts niet allemaal even positief waren over Six Sigma, terwijl juist deze groep "gebruikt" moest worden ter promotie en kruisbestuiving van Six Sigma binnen de organisatie. Om binnen deze groep toch meer draagvlak en enthousiasme te creëren is besloten om dit

probleem met Six Sigma aan te pakken. Met andere woorden: het is opgelost door gebruik te maken van DMAIC. Het projectteam bestond hierbij uit de Green Belts zelf. Het werd voor iedereen duidelijk wat de oorzaken van het probleem waren en de twijfelaars werden over de streep getrokken door de aandacht die er voor hun problemen was en het inzicht dat ze kregen rond de oorzaken van de problematiek. Het bleek dat niet Six Sigma op zich het probleem was, zoals een aantal Green Belts stelden, maar een aantal conditionerende factoren. Uiteindelijk heeft dit geresulteerd in een grote groep "voorstanders" en hebben de meeste tegenstanders zich neergelegd bij de situatie.'

Bron: Six Sigma Black Belt.

Invoering van Six Sigma moet gecoördineerd worden en volgens een vooraf vastgesteld traject verlopen. Door de doelen en hiervan afgeleide gewenste resultaten duidelijk te definiëren en ook de rol- en taakverdeling helder te maken weet eenieder wat er van hem verwacht gaat worden. Regelmatig afstemmingsoverleg voorkomt hierbij dat er uitwassen ontstaan en acties elkaar doorkruisen. Gedurende de opleidingsfase van medewerkers is het van belang dat gemixt (project)overleg ertoe bijdraagt dat er openheid omtrent de successen en de tegenvallers ontstaat. Hierdoor wordt men min of meer gedwongen om zich kwetsbaar op te stellen, waardoor het besef ontstaat dat iedereen in hetzelfde bootje zit. Tevens wordt het groepsgevoel versterkt en onderlinge concurrentie vermeden.

'Communicatie naar alle niveaus is belangrijk als we het hebben over weerstandsreductie. Niet alleen om draagvlak te creëren, maar ook om een stuk onzekerheid weg te gaan nemen. In onze organisatie proberen we dat continu. We hebben bijvoorbeeld nogal wat veranderingen doorgevoerd als het gaat om reactief gedrag. We zijn binnen het Six Sigma-initiatief druk bezig de verbetercapaciteit te vrijwaren van reactieve probleemoplossing. Het oplossen van actuele problemen is inderdaad wel verbeterd, maar niet structureel. Process Engineering zetten we dan ook nu alleen nog in om structurele problemen op te lossen en proberen dat alleen proactief te laten plaatsvinden. Voor het reageren op actuele problemen is er een specifieke procedure die eigendom is van de machine-

teams. We hebben hiervoor bijvoorbeeld alle machineteams opgeleid in storingsanalyse. De process engineer, die dat vroeger zelf deed, is nu een coach die de machineteams helpt om dit zelf te doen. Op deze manier hebben we proactief een proces opgezet dat structureel reageert op storingen. De capaciteit van de process engineer kan nu ten volle worden ingezet op het voorkomen van problemen en het verbeteren van het productieproces. Deze verandering heeft nogal wat voeten in de aarde gehad, vooral doordat de machineteams er ineens extra werk bij kregen en ze het gevoel hadden het werk van de process engineer te gaan doen. Goede uitleg van de redenen hiervoor namen al heel wat onzekerheid weg. En nu de resultaten van het extra werk van de process engineer duidelijk worden, haalt dat ook de sceptici over de streep.'

Bron: Six Sigma Champion.

BELONINGSSYSTEMEN EN WEERSTANDSREDUCTIE

Beloningssystemen kunnen een rol spelen bij het succesvol invoeren van Six Sigma. Motivatie is immers een tegenstander van weerstand. Motivatie kan worden verhoogd door beloning. De 'intrinsieke motivatie' van mensen kan worden verhoogd door op basis van prestatieverbetering een beloning te verstrekken. Er schuilen echter wel gevaren in dergelijke constructies. Voordat een dergelijk beloningssysteem wordt ingevoerd zal een aantal vragen moeten worden beantwoord, zoals:

- Niet alle verbeterprojecten leveren direct en meetbaar geld op, hoe beloon je dan toch?
- Aan wie keer je een beloning uit (projectleider, teamleden)?
- Hoe voorkom je dat alleen de risicoloze en lucratieve verbeterprojecten aangepakt worden?
- Hoe voorkom je dat mensen alleen voor premies werken en het bedrijfsresultaat vergeten?
- Hoe ga je om met elementen uit Six Sigma die geen onderdeel zijn van verbeterprojecten?

Als op dergelijke vragen een bevredigend antwoord is gevonden voor de eigen organisatie, kan het toepassen van een dergelijk beloningssysteem een bijdrage leveren aan een succesvolle implementatie van Six Sigma.

Aan de andere kant hoort het uitvoeren van verbeterprojecten ook tot iemands taken. Waarom zou je daar extra voor belonen?

Bonussen en beloning

'Ik heb een manier gevonden om 500 miljoen euro te besparen, maar ik vertel het pas vlak voordat de salarisverhogingen worden bepaald!'

Een ander alternatief is om de Six Sigma-implementatie onderdeel te laten zijn van een (misschien al bestaande) all-employee-bonus of veertiende-maandsuitkering. Extra bonussen voor prestatieverbetering zijn ook een signaal naar de medewerkers dat het als belangrijk wordt gezien. Vaak hebben dergelijke systemen een aantal negatieve bijeffecten, die niet altijd even makkelijk te verhelpen zijn. Vandaar dat veel bedrijven ervoor kiezen om geen extra bonussen voor Six Sigma in te voeren. Wel zie je regelmatig dat het carrièrepad van mensen afhankelijk gemaakt wordt van het wel of geen Green Belt of Black Belt zijn. Daar gaat een sterke signaalfunctie vanuit, met het bijkomend voordeel dat na verloop van tijd veel Six Sigma-experts op managementfuncties terechtkomen.

'In ons bedrijf onderkenden we het gevaar van weerstand door veranderende onderlinge verhoudingen. Het doelgericht invoeren van Six Sigma via een daaraan gerelateerde beloningsstructuur hebben we overwogen. We onderkenden het gevaar dat dit een veel te sterke individualisering op zou leveren. We waren bang dat de salarissen en bonussen binnen de Six Sigma-verandering te veel gewicht zouden krijgen en dat dat af zou leiden van de eigenlijke doelen. Het niet toepassen van een specifieke persoonlijke bonus heeft volgens ons sterk bijgedragen aan het tegengaan van weerstand. Persoonlijke bonussen raden we dan ook niet aan. De motivatie en het commitment voor Six Sigma moeten voortkomen uit een innerlijke drang naar prestatieverbetering en excellentie. Weerstand oplossen door er geld tegenaan te gooien lijkt alsof we onze mensen omkopen. We hebben het uitgangspunt dat onze mensen zelf continu willen verbeteren en dat Six Sigma "slechts" een middel is om dat mee te bereiken. Wij zijn ervan overtuigd dat het koppelen van salarissen en bonussen aan Six Sigma-resultaten de verkeerde motivatie is. We denken ook dat organisaties die dat wel doen grote risico's lopen bij de borging van Six Sigma. Wat als Six Sigma geborgd is? Lopen de bonussen dan door? Worden salarissen weer verlaagd zodra men Six Sigma laat versloffen? Het gaat erom dat belonen meer is dan geld betalen: waardering, status, de leuke taken mogen doen, schouderklopje, eervolle vermelding, promotie en dergelijke zijn veel belangrijker.'

Bron: Six Sigma Sponsor.

Conclusie

Commitment is een noodzaak om Six Sigma te verankeren. Het mobiliseren van committent bouwt sterk voort op leiderschap, visie en een gedeelde noodzaak. Motivatie en betrokkenheid van medewerkers is alleen te verkrijgen als er leiderschap, een noodzaak om te veranderen en een gezamenlijke visie is. Zonder deze basisingrediënten zal er nooit blijvend commitment tot stand kunnen worden gebracht.

Voor een goede verandering hoeft geen commitment gemobiliseerd te worden; het zal er uit zichzelf al moeten zijn. De twee belangrijkste aandachtspunten bij het mobiliseren van commitment zijn: weerstand en betrokkenheid. Weerstand tegen verandering is de belangrijkste reactie op verandering en eveneens de belangrijkste rem op verandering. Door weerstand te kanaliseren en te neutraliseren zullen de effecten van verandering sneller en sterker optreden. Betrokkenheid van mensen leidt tot een persoonlijke verantwoordelijkheid in het verbeterproces en als zodanig zorgt het voor een maximale energie en inzet.

Checklist

KRITISCHE SUCCESFACTOREN

Zorg ervoor dat:

- medewerkers altijd zelf aan het roer staan van een verbeterproject. Mensen willen wel veranderen maar willen niet veranderd worden.
- expliciet bekend is welke stakeholders er zijn en wat hun bijdragen aan en tegenwerking van het verbeterprogramma kunnen en zullen zijn.
- expliciet maatregelen worden genomen om elke stakeholder een bijdrage te laten leveren en invloed te geven op het verbeterprogramma.
- per stakeholder (een aantal) personen wordt geselecteerd die het aanspreekpunt en trekker van Six Sigma zijn. Deze champions zijn essentieel om duidelijk te maken dat hun belang wordt behartigd.
- in elke stakeholder-groep Six Sigma-vertegenwoordigers zitten; bij voorkeur via het opleiden tot Green Belt of Black Belt.
- verbeterprojecten zorgvuldig geselecteerd worden en dat de eerste verbeterprojecten ook als boegbeeld van Six Sigma functioneren.
- succesvolle verbeterprojecten in de organisatie worden uitgedragen.
- de mate van commitment van stakeholders in de gaten wordt gehouden en wordt bijgestuurd.
- verbeterresultaten en het halen van Six Sigma-diploma's expliciet beloond worden.
- het mobiliseren van commitment zich niet alleen focust op het terugdringen van weerstand maar juist op het vergroten van aanwezige betrokkenheid: maak Six Sigma-aanhangers belangrijker.

VALKUILEN EN POTENTIËLE FOUTEN

Pas ervoor op dat:

- er te veel aandacht gegeven wordt aan diegenen die het meest sceptisch zijn. Stimuleer de enthousiastelingen en moedig de neutrale mensen aan. Daarmee creëer je een grotere groep mensen.
- verandering intuïtief geassocieerd wordt met verlies. Zorg ervoor dat verbeterprojecten gepresenteerd worden als winsten en kansen.
- er bij bepaalde stakeholders een te grote mate van commitment is, omdat dat ervoor zal zorgen dat het commitment bij anderen afneemt.
- in het Six Sigma-programma niet al te rigoureus veel macht bij de Black Belts komt te liggen, omdat dit weerstand op kan roepen bij stakeholders die wel belang bij verbetering hebben.
- individuele beloningen of bonussen de motivatie voor Six Sigma worden. De motivatie moet voortkomen uit een drang naar verbetering.
- niet ieder initiatief bestempeld wordt als een Six Sigma-verbeterproject. Six Sigma-verbeterprojecten worden expliciet geselecteerd, langs duidelijke lijnen met een vooraf bepaalde verbeterdoelstelling.

AANBEVELINGEN

Probeer:

- ervoor te zorgen dat in elke stakeholdergroep verbeterprojecten worden gestart en dat de eerste verbeterprojecten voor deze stakeholders ook echt tot voelbaar resultaat leiden.
- om naast de reguliere Black Belt- en Green Belt-opleidingen ook een basistraining voor iedereen op te starten, bijvoorbeeld als Yellow Belt.
- aandacht te geven aan de vier verschillende soorten weerstand: Technische weerstand, politieke weerstand, organisatorische weerstand en individuele weerstand. Ieder van hen heeft eigen tegenmaatregelen om weerstand te verminderen.
- betrokkenheid te bewerkstelligen door het creëren van een hulpvraag. Zodra medewerkers om hulp vragen, is het zeker dat ze gemotiveerd zijn het probleem echt goed aan te pakken.
- de eerste verbeterprojecten te focussen op de zogenaamde 'low hanging fruits': die verbeteringen waar veel medewerkers zelf mee komen en waar in relatief korte tijd resultaten kunnen worden geboekt.

CASE MAKING CHANGE LAST

Het vasthouden van verbeteringen kan soms lastig zijn. Tijdens een verbeterproject is er nog een focus. Na het verbeterproject moeten de veranderingen echt in het proces zitten, anders val je weer terug naar de situatie van voor het verbeterproject. Veranderingen worden bij Groetelaers dan ook geborgd in de vaste werkwijzen en werkprocedures. Verankeren is meer dan alleen een procedure in gang zetten. De prestatie van het verbeterde proces wordt continu gemonitord en besproken tijdens het werkoverleg. Statistische procescontroles worden uitgevoerd om te laten zien dat fouten niet meer voorkomen. Continue aandacht voor de verbeterde processen zorgt ervoor dat het bedrijf niet terugvalt op oude werkwijzen.

Resultaten van verbeterprojecten worden ook op het intranet en via de posters in de personeelskantine kenbaar gemaakt. Daarbij wordt veel aandacht besteed aan de financiële besparingen. Tevens worden de gerealiseerde besparingen in datzelfde jaar beschikbaar gesteld als middelen om te investeren. In de daaropvolgende jaren is dat niet het geval. Dan zitten deze besparingen verwerkt in de budgetten. Het is de afdelingsmanagers er dan ook aan gelegen de verbeterde situatie vast te houden. Anders komen ze namelijk in budgettaire problemen. Borging van verbeteringen loopt op die manier dus weer via de lijnorganisatie: de plaats waar verantwoordelijkheden ook daadwerkelijk behoren te liggen.

Een duidelijk symptoom dat Six Sigma bij Groetelaers begint te beklijven, is dat medewerkers zelf om data beginnen te vragen. Frans van Grieten wordt soms door zijn medewerkers plagend 'op de vingers getikt' als hij een verandering aankondigt. Ze beginnen hem dan zijn 'eigen' vragen te stellen: 'Is dat echt wel zo?', 'Kun je dat aantonen?', 'Hoeveel levert dat dan op?', 'Heb je de echte oorzaak wel te pakken?', 'Waar zijn de cijfers?' Een ander voorbeeld is dat de medewerkers en de MT-leden zelf aangeven dat Six Sigma ook doorgaat als Frans Groetelaers zou verlaten. Het is natuurlijk altijd afwachten wat een eventuele nieuwe directeur zelf wil, maar Six Sigma-ervaring en -expertise behoort inmiddels wel tot de profielschets van de directeursfunctie. Datzelfde geldt voor andere MT-functies. De functieprofielen zijn daar ook inmiddels al aangepast. Six Sigma-expertise en het Green Belt-certificaat horen tot de eisen die gesteld worden aan MT-leden.

De groeiende pool aan Green Belts zorgt er ook voor dat het aantal verbeterprojecten stijgt. De Green Belts voeren per persoon wel minder projecten uit, maar het totale aantal neemt toe en de besparingen dus ook. Deze Green Belts vormen inmiddels de stuwende kracht achter de verbeterprojecten. De Black Belts geven ondersteuning en helpen bij projectselectie. De Green Belts zijn de echte leiders. Zij initiëren projecten en brengen ze tot een goed einde.

Het officieel afronden van een verbeterproject bleek in het verleden altijd een lastig punt. Wanneer ben je nu klaar en hoe weet je zeker dat de geclaimde resultaten ook echt kloppen? Daar heeft men bij Groetelaers een heel pragmatische oplossing voor gevonden. Afgeronde verbeterprojecten gaan door een MT-audit heen waar gecontroleerd wordt of alle zaken op orde zijn en er geen open eindjes meer overblijven. Daarmee is ook zeker dat het MT precies kennis heeft van de lopende verbeterprojecten en deze kennis ook over afdelingen heen wordt verspreid. Voor de financiële calculatie is een handtekening van de financieel controller nodig. De leider van een verbeterproject moet aan de controller bewijzen en onderbouwen wat de verbeteringen waren en hoe de financiële berekeningen zijn opgebouwd. Zonder handtekening van de controller kan een verbeterproject niet worden afgerond. In eerste instantie leidde deze maatregel wel tot een afname in het aantal afgeronde verbeterprojecten. Gelukkig bracht ook hier de MT-sturing snel verandering in. De verantwoordelijkheden op MT-niveau waren duidelijk en men spreekt elkaar ten minste maandelijks op de voortgang in verbeterprojecten aan.

6 MAKING CHANGE LAST: EEN VERBETERING DIE NIET BLIJFT, IS GEEN VERBETERING

'Making change last' gaat over het verankeren in de automatismen van de organisatie. Six Sigma zal onderdeel uit gaan maken van de automatismen van de mensen in de organisatie. In een dergelijke situatie is Six Sigma niet meer iets nieuws of aparts. Beslissen en verbeteren op basis van meetgegevens en feiten is gebruikelijk. Het is ondenkbaar dat veranderingen of beslissingen genomen worden zonder dat daar cijfers aan ten grondslag liggen. Het borgen van Six Sigma doe je door je meest ervaren Six Sigma-mensen op cruciale posities in de eigen organisatie te benoemen. Managementposities zullen dan op termijn uitsluitend worden vervuld door ervaren Black Belts of Master Black Belts.

Introductie

In feite is het CAP-model primair een hulpmiddel om verbeteringen te verankeren. Hoewel 'Making change last' een expliciete stap is in het model, hebben ook de andere stappen een effect op verankering:

- Leiderschap en een gezamenlijke noodzaak geven de nodige energie om te zorgen dat veranderingen blijven en dat verbetering een automatisme wordt.
- Visie en commitment zijn nodig om de juiste randvoorwaarden voor verankering te creëren en weerstand tegen te houden.
- Meten is een manier om de verankering te monitoren.
- Structuren en systemen zijn nodig om veranderingen in te hangen.

Het is noodzakelijk dat zodra een verbetering geïmplementeerd is, deze ook blijvend gemaakt wordt. Maar is dat wel zo? Kun je wel stellen dat een verbetering ook automatisch wordt geborgd? Wat als de aandacht verslapt, of verlegd wordt? Is er dan geen kans dat de verbetering weer verdwijnt? Allemaal relevante vragen, die ook in dit hoofdstuk niet een-twee-drie te beantwoorden zijn. Verankering is één van de lastigste onderwerpen binnen de veranderkunde. Het is relatief eenvoudig om met wat extra geld, inspanning of aandacht verbeteringen te bewerkstelligen. De Hawthorne-effecten zijn een bekend voorbeeld van verbeteringen die voortkomen uit extra aandacht. Extra aandacht, geld of inspanning leidt doorgaans automatisch tot betere prestaties. Die verbeteringen komen dan vaak niet door de verandering zelf, maar primair door de extra aandacht. Als deze aandacht weer verslapt, verdwijnen ook de verbetereffecten als sneeuw voor de zon. Verankering is dan ook een heel belangrijk aspect aan verbeterinspanningen en dus ook voor Six Sigma.

Vanuit het Six Sigma-perspectief zullen we wat verankering betreft twee specifieke invalshoeken behandelen:

1 Het verankeren van verbeteringen. Dit zijn de verankeringsmechanismen die ervoor zorgen dat een verbetering niet alleen bewerkstelligd wordt tijdens het verbeteringsproject, maar ook daarna effectief zal blijven. Dit is het verankeringsaspect waar ook in de veranderingsliteratuur veel aandacht aan wordt besteed.
2 Het verankeren van Six Sigma. Dit is een ander aspect dat toelichting vereist. Het introduceren van Six Sigma in een organisatie is vaak zelf een verbeterproject. Six Sigma vraagt om een nieuwe manier van werken en omgaan met data, verbeteringen en bedrijfsvoering. Ook Six Sigma moet dus geborgd worden in een organisatie. Hier zal apart aandacht aan worden besteed, alsmede aan die symptomen die aangeven dat het tijd wordt Six Sigma niet meer als een project te gaan zien, maar als een automatisme te gaan onderhouden.

Verankering van verbeteringen

De DMAIC-cyclus van Six Sigma is speciaal opgesteld om ervoor te zorgen dat de meest effectieve en efficiënte verbetermaatregelen worden gekozen voor een specifieke situatie. Zodra de cyclus voorbij is, wordt een nieuw verbeterproject opgestart. De speciale aandacht voor het voorgaande project kan daardoor verslappen. Zodra deze extra aandacht direct te relateren is aan de verbetering, is de kans groot dat daarmee ook de effecten minder worden. Vooral de I (Improve)- en C (Control)-stappen van DMAIC focussen zich op borging. Een expliciete beslissing en controle aan het einde van een DMAIC-cyclus moet dan ook uitwijzen of de gemaakte verbetering op zichzelf staat en zonder specifieke aandacht kan. De verbetering moet geborgd zijn voordat de DMAIC-cyclus wordt afgesloten.

'Een van onze kunststofproducten wordt geleverd in een gestandaardiseerde kleur. Om de PVC (die kleurloos is) deze kleur te geven, wordt er tijdens het mengen van de grondstoffen een kleurmiddel toegevoegd. Hiervoor werd altijd gebruik gemaakt van een Masterbatch (MB). Dit is een kleurmiddel dat bestaat uit een aantal stoffen die bij de leverancier van de MB gemengd worden. Grofweg kan gesteld worden dat een MB bestaat uit een pigment met enkele additieven die aan elkaar gebonden zijn door middel van een was (bijvoorbeeld een paraffinewas). De MB wordt aangeleverd in de vorm van korreltjes met een diameter van 0,5 – 1 mm. De grondstofleverancier heeft de samenstelling zo gekozen dat de MB inzetbaar is voor een grote groep klanten en producten. Deze klanten kunnen de dosering van de MB aanpassen om de door hun gewenste kleur te krijgen. Hoewel de MB binnen de totale samenstelling van het bij ons gebruikte PVC-mengsel slechts een klein percentage is, wordt hier op jaarbasis toch een aanzienlijk bedrag aan uitgegeven gezien het hoge volume PVC dat wij op jaarbasis verwerken. Over de prijs van de MB wordt daarom ook stevig onderhandeld: wij willen deze natuurlijk zo laag mogelijk hebben en de leverancier wil een zo hoog mogelijke marge behouden. Tijdens een overleg op directieniveau tussen ons en de leverancier kwam Six Sigma ter sprake en bleek de directeur van onze leverancier (een Amerikaan) Black Belt te zijn. Daaruit volgde

het voorstel een gezamenlijk verbeterproject op te zetten waarbij ernaar gestreefd zou worden de prijs van de MB voor ons 20-25% lager te kunnen laten zijn waarbij wel de marge voor de leverancier gelijk blijft. Het verbeterproject is hierna opgestart waarbij de processen van beide kanten gekoppeld werden en daardoor het product zodanig aangepast kon worden, dat de doelstelling ook daadwerkelijk gerealiseerd is. Was dit verbeterproject niet uitgevoerd, dan had er vanuit onze organisatie een inkooptechnische actie ondernomen moeten worden om de kosten van de MB te verlagen. De leverancier was dan waarschijnlijk onder druk gezet de prijs te verlagen, met wellicht negatieve gevolgen voor de kwaliteit van ons product.'

Bron: Six Sigma Black Belt.

Het is nodig om afgeronde verbeterprojecten na een jaar opnieuw te auditen om te kijken of de verbeteringen nog effectief zijn. Ook kunnen onafhankelijke controllers aangesteld worden die frequent beoordelen of maatregelen nog effectief zijn, en de mate waarin deze maatregelen standvastig zijn. Natuurlijk hoort daarbij dat verbetermaatregelen gekoppeld zijn aan verantwoordelijken, zodat deze aangesproken kunnen worden indien er discrepanties optreden. Al dan niet met bijbehorende beloningen of boetes. De lijnmanagers (champions) maar ook de Black Belts, kunnen dergelijke rollen vervullen.

Daarnaast is een specifiek kenmerk van Six Sigma de nadruk leggen op metingen en de analyse van deze metingen. Via KPI's is het mogelijk het verankeren van verbeteringen te monitoren. Verder zijn systemen en structuren een aparte stap in het CAP-model. Dit zal dan ook in de volgende twee hoofdstukken worden besproken. Wel willen we hier even kwijt dat het borgen van verbeteringen voor een belangrijk deel in die systemen en structuren plaatsvindt. Vaste werkwijzen en verantwoordelijkheden zijn die mechanismen waarin verbeteringen onder meer geborgd worden. Als dus een verandering succesvol blijkt, is het zaak ervoor te zorgen dat de bijbehorende werkwijzen, procedures en verantwoordelijkheden worden aangepast om borging naar de toekomst zeker te stellen. Dus naast de hierboven genoemde ideeën is het opnemen van verbeteringen in de normale gang van zaken via de laatste stap van het CAP-model eveneens essentieel.

Praktische verbeteringen

'Sinds die laatste werkplekverbetering is de werkdruk aanzienlijk gedaald!'

'Een ander verbeterproject gaat over procesversnelling binnen een van onze afdelingen. Om klanten goed te kunnen bedienen proberen wij een zo compleet mogelijk pakket aan producten te leveren. Speciale of specifieke producten worden op bestelling gemaakt, waarbij voor een aantal producten de specificaties aangegeven worden door de klant (aantal, diameter en aansluithoogte). De prognoses hebben laten zien dat onze beschikbare capaciteit voor deze speciale producten het volgende jaar onvoldoende zal zijn. Om te voorkomen dat er daadwerkelijk een capaciteitstekort zou komen, is een verbeterproject gestart waarbij procesversnelling en daarmee capaciteitsverhoging tot doel gesteld is. Het verbeterproject heeft uiteindelijk een procesversnelling opgeleverd van 50% waarmee de productiecapaciteit voor enige tijd zeker gesteld is. De medewerkers hebben hierbij duidelijk gezien dat er eerst gekeken moet worden of er door slimmer werken verbetering gerealiseerd kan worden voordat er

nieuwe en snellere machines gekocht worden. Voorstellen die bijdragen aan de efficiency (zonder dat het gaat om nieuwe apparatuur) worden steeds vaker geuit. Bij de medewerkers leefde voordat het verbeterproject uitgevoerd werd een duidelijk beeld over wat er zoal scheelde aan het proces en waarom er capaciteitsproblemen te voorzien waren. In de beleving waren een aantal machines niet geschikt om de verwachte capaciteit te realiseren en deze zouden volgens hen vervangen moeten worden. De daarvoor benodigde investering lag rond de €250.000,–. Na het doorlopen van de DMAIC-cyclus bleken veel meer oplossingen mogelijk. Deze uiteindelijke oplossingen kostten uiteindelijk nog geen €4.000,–.'

Bron: Six Sigma Black Belt.

Tot slot is het natuurlijk zo dat een verankeringsmechanisme voor verbeteringen ook in Six Sigma zelf zit. Je bent continu bezig met verbeteren. Je meet en stelt vragen rond prestaties en relevantie van werkwijzen. Je verantwoordt continu of inspanningen juist worden besteed en je bent continu bezig variatie zo veel mogelijk te reduceren. Daardoor is er constant aandacht dat verbeteringen blijven werken, er is namelijk steeds focus op verbetering. Zodra verbetering een primair proces wordt en onderdeel gaat uitmaken van de vaste werkwijzen, wordt ook verankering een primaire activiteit. Maar hoe zorg je er dan voor dat Six Sigma in een organisatie wordt verankerd?

Verankering van Six Sigma

Omdat dit boekje gaat over het borgen van Six Sigma in de praktijk, is ook het verankeren van Six Sigma zelf een aandachtspunt voor dit hoofdstuk van het CAP-model. Verankering van Six Sigma gaat door de mensen in een organisatie. Daarom kun je onderscheid maken tussen twee verschillende verankeringsprocessen:

- het proces van een organisatie die Six Sigma introduceert en dus de transitie doormaakt van een Non-Six-Sigma-organisatie naar een Six Sigma-organisatie. Hier gaat het dus om het *bouwen*.

- het proces van een Six Sigma-organisatie dat ervoor zorgt dat Six Sigma niet alleen een onderdeel van de primaire bedrijfsvoering is, maar dat ook blijft. Hier gaat het dus om het *onderhouden*.

HET BOUWEN VAN EEN SIX SIGMA-ORGANISATIE

Het is belangrijk ervoor te zorgen dat tijdens het bouwen van een Six Sigma-organisatie motivatie en energie vastgehouden worden. Er is een transitie gaande, dus de aandacht voor Six Sigma is een specifieke aandacht. Six Sigma is nog niet vergroeid in de organisatie, dus het wordt gezien als iets nieuws, iets naast het gewone. Het grote gevaar hiervan is dat wanneer energie en motivatie verminderen ook het bouwen van de Six Sigma-organisatie schade oploopt. Het is dus noodzakelijk om heel bewust te werken aan het vasthouden van de drive om Six Sigma te implementeren. Een algemenere factor hierin is het functioneren van de 'kartrekkers': de Champions en Black Belts. Zij moeten een duidelijke visie hebben en uitdragen. Bovendien moeten zij het geloof in de methodiek uitdragen en de organisatie uitdagen om het onmogelijke waar te maken.

'In de aanloop naar de invoering van Six Sigma in onze organisatie hebben we veel energie en tijd gestoken in het trainen en motiveren van de belangrijkste "stakeholders". Een gezamenlijk beeld van de noodzaak van het veranderen van onze verbeterorganisatie was de eerste en belangrijkste voorwaarde. De stap dat een Six Sigma-organisatie ook voor ons een goede stap zou zijn hebben we vooral kunnen maken door enkele bezoeken te brengen aan andere succesvolle Six Sigma-organisaties. Wel bleek dat ook daar het persoonlijk leiderschap van het management een drijvende kracht bleef. Een Six Sigma-organisatie is wat dat betreft net als elke andere, zonder voortdurende aandacht vanuit het management voor de mensen en de rol die ze moeten spelen in die organisatie, zal ook een Six Sigma-organisatie niet blijven bestaan. Toelatingscriteria voor het management op het gebied van Six Sigma-ervaring en doorstroom vanuit de (Master) Black Belts naar managementposities bleek essentieel.'

Bron: Six Sigma Sponsor.

Het centrale management in een organisatie waar Six Sigma wordt geïmplementeerd, stelt zichzelf de volgende vragen:

1 Zijn de Six Sigma-verbeterprojecten waar we op dit moment aan werken van strategisch belang? En zo ja, hoe?
2 Hoe zorg ik dat ik een goede portfolio van verbeterprojecten heb en hebben ze de juiste prioriteit gekregen?
3 Hoe meet ik de voordelen van deze verbeterprojecten en hoe maak ik dat zichtbaar en bewijsbaar naar de rest van de organisatie?
4 Hoe meet ik voortgang van de verbeterprojecten?
5 Waar heb ik te maken met weerstand en wat kan ik daaraan doen?

Verbetervoorstellen

*'Ik heb je verbeterplan hier voor me.
Ik zal het op de juiste manier aanvliegen
zodat het goed landt bij het management!'*

Om de omslag naar een Six Sigma-organisatie te krijgen is een 'bepaalde kracht' noodzakelijk. Deze kracht moet van twee kanten komen: aan de ene kant moet een champion vragen om ambitieuze resultaten van zijn mensen (Green Belts). Aan de andere kant moet er door de Black Belts kritisch gekeken worden naar de activiteiten en opbrengsten. Een Black

Belt moet het verbeterproject kritisch beoordelen op uitvoering. Is alles wel gedaan? Waarom wel of waarom niet? Waarom is de planning niet gehaald? De Black Belt trekt de kar niet, maar hij duwt wel. Uiteindelijk zal de energie die hierin gestoken moet worden door een Black Belt en een champion na verloop van tijd afnemen, maar stoppen mag het nooit helemaal. In die zin is het opbouwen en onderhouden van een Six Sigma-organisatie vergelijkbaar.

'In ons bedrijf hebben we een "Champion Day" ingevoerd. Dit is een vaste dag in de maand (precies een week voor reporting day) waarop de Green Belts en Black Belts uitgenodigd worden door de champion voor een gate-review of een voortgangsgesprek. Dit is om ervoor te zorgen dat er beweging en aandacht blijft in de organisatie. Wij monitoren deze meetings en de voortgang ervan. Mensen alleen maar trainen is niet genoeg. Er zal follow-up, aandacht en structuur geboden moeten worden waarbinnen gewerkt kan worden. Begeleiding, zeker bij het eerste verbeterproject, is noodzakelijk.'

Bron: Six Sigma Master Black Belt.

Het is eveneens belangrijk om medewerkers niet af te branden op het niet slagen van verbeterprojecten of achterblijven van prestaties, maar hun juist opbouwende kritiek te geven. Om hier een praktische invulling aan te geven worden er bijvoorbeeld regelmatig presentaties van de vorderingen van verbeterprojecten gegeven aan alle Green Belts. Het is raadzaam daar ook de champions bij aanwezig te laten zijn. Zodoende ziet men van elkaar wat er gebeurt, welke successen geboekt worden maar ook wat er fout gegaan is. Men wordt daarmee min of meer gedwongen zich kwetsbaar op te stellen. Een bijkomend voordeel daarvan is dat medewerkers zichzelf kwetsbaar opstellen ten aanzien van hun eigen verbeterprojecten, waardoor ze ook veel minder geneigd zijn anderen openlijk af te branden.

'We merken in ons bedrijf dat personeel dat alleen een Green Belt-opleiding gevolgd heeft, toch veel moeite heeft met het nemen van initiatief tot het uitvoeren van verbeterprojecten. Dit heeft niet zozeer te maken met het feit dat deze mensen niet in Six Sigma geloven, maar meer met

de routine en competenties die nodig zijn om dit succesvol te kunnen doen. We merken dat medewerkers in de praktijk veel energie moeten stoppen in het op de juiste manier kiezen en gebruiken van de verschillende Six Sigma-tools. Door gebrek aan ervaring met DMAIC en kennis van alle verschillende "gereedschappen" moeten ze steeds teruggrijpen naar boeken. Dit werpt in de praktijk een blokkade op. Wij hebben ervoor gekozen om alle Green Belts expliciet meer afzonderlijke verbeterprojecten uit te laten voeren en hen daar specifiek voor te reserveren en in te plannen. Dit betekent dus dat we voordat we "Making change last" kunnen uitvoeren, eerst een lange periode moeten reserveren waarin Green Belts voldoende ervaring kunnen opdoen.'

Bron: Six Sigma Black Belt.

HET ONDERHOUDEN VAN EEN SIX SIGMA-ORGANISATIE

Een daadwerkelijke Six Sigma-organisatie kent een structuur. Deze ziet er in beginsel niet veel anders uit dan een 'normale' organisatiestructuur. Er worden echter aanvullende eisen gesteld ten aanzien van de opleiding van de personen in deze structuur. Allen moeten een passende Six Sigma-opleiding hebben doorlopen. Binnen de organisatiestructuur worden de rollen van Green Belt en champion vervult door de MT-leden (champions) en de afdelingchefs (Green Belt). Verder zijn alle personen die verbeterprojecten uitvoeren (projectleiders) ook Green Belt. De enige groep die extra toegevoegd is ten opzichte van een 'normale' structuur zijn de Black Belts. Deze staan buiten de organisatiestructuur. Dit om hen niet te binden aan een bepaalde afdeling en 'crossfunctional' te kunnen opereren (van hoog naar laag en afdelingsoverschrijdend). De organisatie moet resultaatgericht zijn en een open manier van communiceren hebben. Het gaat bij een Six Sigma-organisatie niet over de structuur van de organisatie maar om de cultuur: denkwijze, werkmethoden, communicatie. Mensen en de daadwerkelijke vergroeiing van deze mensen met Six Sigma zijn bepalend voor of er echt sprake is van een 'Six Sigma-organisatie'.

'Voor ons was één van de belangrijkste aandachtspunten het zo veel mogelijk normaliseren van de Six Sigma-organisatie. Waar mogelijk hebben we steeds de bestaande organisatie gebruikt om de Six Sigma-organi-

satie te verankeren in de normale bedrijfsvoering. Dit laten we aan de hand van twee voorbeelden zien.
Voorbeeld 1. Onze organisatie was met de invoering van de ISO 9001:2000-norm procesgericht opgezet, met aandacht voor KPI's en vooral ook regelmatige reviews van de prestatie van de processen. Deze werkwijze kon na geringe aanpassingen, vooral op het gebied van de definitie van verbeterprogramma's, geïntegreerd worden met de selectie van verbeterprojecten. De (financiële) doelen en behaalde resultaten van de projecten werden zo onderdeel van ons bestaande procesmanagement.
Voorbeeld 2. Six Sigma is vanaf de start geïntegreerd in ons personeelsbeleid. Het is duidelijk wie in aanmerking komt voor de rol van Black Belt of Green Belt en welke gevolgen een succesvolle 'tour of duty' heeft voor het verdere carrièreverloop. We hebben de Green Belt-rol geïntegreerd in de functiebeschrijvingen van de mensen die bij ons verantwoordelijk zijn voor de beheersing van onze processen en hun prestatie als Black Belt of Green Belt is nu onderdeel van de reguliere beoordeling.'
Bron: Six Sigma Black Belt.

COMMUNICATIE ALS RESULTAAT VAN EEN SIX SIGMA-PROGRAMMA

Communicatie over verbeteringen is een vast onderdeel van een Six Sigma-organisatie. Als er niet over gesproken of gerapporteerd wordt, is de kans groot dat medewerkers het idee krijgen dat er niets (meer) gebeurt. Of anders geformuleerd: als er niets te communiceren valt, is er dan wel wat veranderd? Een duidelijk communicatieplan is dus essentieel. Zowel voor ieder individueel verbeterproject als voor het overkoepelende Six Sigma-programma. Het is aan te bevelen zo veel mogelijk van dergelijke communicatie via de gebruikelijke kanalen te laten lopen. Voorbeelden hiervan zijn: regulier overleg, informatieborden, personeelsgidsen, jaarpresentaties en dergelijke. Zorg ervoor dat Six Sigma-informatie niet per toeval door deze kanalen wordt verspreid. De verantwoordelijken voor de bedrijfsbrede communicatie kunnen bijvoorbeeld als doelstelling krijgen in elke uitgave minimaal één verbeterproject op te nemen.

'Wij gebruiken geen speciale afdeling voor het communiceren over de voortgang van Six Sigma. Communicatie hierover vindt op de volgende wijze plaats: Ten eerste is er een onderdeel in het projecthandvest (anderen noemen dit ook wel een "contract") waarin de communicatie over de voortgang in het verbeterproject vastgelegd is. Hierin staat omschreven wat, wanneer, hoe en naar wie over de voortgang van het verbeterproject gecommuniceerd wordt. Vaste punten binnen het communicatieplan zijn de gesprekken met de champions, rapportage aan de proceseigenaar, projectbesprekingen met de Black Belt en teamoverleg. Dit is echter communicatie naar een selecte groep. Communicatie naar de organisatie is ook onderdeel van het plan. Enerzijds zijn dit de presentaties aan de andere Green Belts, anderzijds is er een "Wall of Fame" ingericht. Aan het einde van iedere fase binnen een verbeterproject wordt op deze "Wall of Fame" een projectposter gehangen die algemene projectinformatie bevat en de status van het verbeterproject weergeeft door vermelding van de bevindingen en activiteiten van de betreffende fase. Daarnaast is er ook een globale planning weergegeven en wordt er een beknopte actielijst voor de komende fase vermeld. Deze projectposters zijn ook op het intranet opvraagbaar, waarvoor we een eigen "hoekje" hebben ingericht.
Algemene communicatie over Six Sigma vindt ook plaats tijdens onze halfjaarlijkse bijeenkomsten. Dit zijn bijeenkomsten waar al het personeel voor uitgenodigd wordt en ontwikkelingen binnen ons bedrijf gepresenteerd worden. Vaste onderdelen hiervan zijn presentaties van de verschillende MT-leden, maar ook worden hier "gastsprekers" uitgenodigd. Onder de gastsprekers zit er (tot nu toe) altijd iemand bij die een verbeterproject heeft uitgevoerd en hier in tien minuten een korte presentatie over geeft. Verder worden er in nieuwsbrieven regelmatig artikelen verspreid die betrekking hebben op Six Sigma. Deze artikelen worden geschreven aan de hand van interviews door het personeelsblad. Bovendien laat onze algemeen directeur geen kans voorbijgaan om Six Sigma te noemen en het belang ervan te benadrukken, zowel in- als extern.'

Bron: Six Sigma Black Belt.

WANNEER OMSCHAKELEN VAN BOUWEN NAAR ONDERHOUDEN?

Een organisatie dient te streven naar een opzet waarin de medewerkers met de Six Sigma-bril op naar processen kijken. Bij verbeteringen of veranderingen wordt de DMAIC-fasering als logische werkmethode toegepast, met gebruikmaking van de diverse tools. Zoals eerder gesteld zal men hier niet automatisch op overgaan. Er moet dus geduwd en getrokken worden. In de praktijk blijkt dat in eerste instantie verbeterprojecten volgens DMAIC werken als mensen hiertoe directe opdracht krijgen. Zo niet, dan vervalt men in de oude werkwijze. Na verloop van tijd zie je dat, wanneer medewerkers getraind zijn en ervaring met Six Sigma hebben opgedaan, ze DMAIC uit zichzelf gaan toepassen. Dat is een signaal dat Six Sigma 'in de genen' van de mensen begint te komen.

'Elke afdeling heeft voor elk jaar afdelingsdoelstellingen gedefinieerd, waaronder het aantal verbeterprojecten. Eén afdeling heeft werk gemaakt van een goede communicatie van de doelstellingen naar de werknemers binnen en buiten de afdeling. Bij deze doelstellingen is ook een korte toelichting gegeven waarom de doelstellingen zijn zoals ze zijn ("creating a shared need"). Vervolgens is bij een aantal doelen aangegeven hoe deze gerealiseerd worden door toepassing van verbeterprojecten. De verbeterprojecten zijn daarbij met naam en toenaam vermeld. Dit is geheel op eigen initiatief van de betreffende afdelingchef uitgevoerd. Deze chef heeft 1,5 jaar geleden zijn Green Belt-cursus afgerond en het bijbehorende verbeterproject uitgevoerd. Voor ons is dit een signaal dat het Six Sigma-denken en -werken op deze afdeling langzaam maar zeker gemeengoed begint te worden.'

Bron: Six Sigma Sponsor.

De vraag of je moet duwen of loslaten zal wel nooit helemaal beantwoord kunnen worden. In generieke zin is het een algemeen managementdilemma: wanneer delegeren, wanneer niet? Je wilt dat verbetering gedragen en gestuurd wordt vanuit alle uitvoerende geledingen. Tegelijkertijd moeten de business leaders (de champions) wel aan het stuur blijven. Six Sigma moet onderdeel zijn van de normale gang van zaken, dus onderdeel zijn van de normale lijnorganisatie.

Conclusie

'Making change last' is waarschijnlijk de meest essentiële stap van het CAP-model. Als verbeteringen niet blijvend zijn, zijn het eigenlijk geen verbeteringen. Verankering is de grootste uitdaging in elk veranderingsproces, dus ook voor Six Sigma. Daarbij dient onderscheid gemaakt te worden tussen het verankeren van resultaten van verbeterprojecten, zodanig dat de gerealiseerde effecten blijvend zijn en het verankeren van Six Sigma zelf. Borging van Six Sigma betekent dat het een automatisme wordt in de organisatie. De nadruk tijdens het bouwen van een Six Sigma-organisatie moet liggen op de competenties en ervaringen van de mensen. Zodoende zal na verloop van tijd Six Sigma een soort automatisme worden. Specifieke aandacht en energie voor Six Sigma zal altijd moeten blijven. Anders is de kans groot dat automatismen zoek raken. Voor de lijnorganisaties en de Black Belts is hierin een belangrijke rol weggelegd.

Checklist

KRITISCHE SUCCESFACTOREN

Zorg ervoor dat:

- Six Sigma opgenomen wordt in de normale manier van werken: het moet onderdeel worden van de genen van medewerkers.
- beslissen op basis van feiten en data een vaste waarde wordt op alle niveaus en soorten beslissingen. Na verloop van tijd zal het zo zijn dat medewerkers gaan protesteren als dergelijke feiten ontbreken.
- de ervaren Six Sigma-leiders benoemd worden op de cruciale posities in de organisatie. Borging vindt dan plaats op managementniveau.
- verbeteringen die gerealiseerd zijn in een verbeterproject dusdanig geborgd worden, dat ze ook optreden zonder expliciete aandacht.
- verbeteringen die gerealiseerd worden in een verbeterproject ook doorgegeven worden aan de andere delen van de organisatie.
- er een communicatieplan is om voortgang en resultaten in een Six Sigma-programma bekend te maken.
- er naast de uitvoerder van het communicatieplan ook op het management niveau een verantwoordelijke is voor uitvoering.

VALKUILEN EN POTENTIËLE FOUTEN

Pas ervoor op dat:

- Six Sigma als iets aparts wordt gezien dat los staat van de normale bedrijfsvoering, want dan zal het nooit tot de automatismen behoren.
- er te makkelijk wordt aangenomen dat verbeteringen blijvend zijn. Mechanismen moeten worden opgezet om deze verbeteringen ook daadwerkelijk te borgen in het normale werken.
- mensen na hun opleiding tot bijvoorbeeld Green Belt of Yellow Belt overgaan tot de orde van de dag. Een dergelijke rol schept verantwoordelijkheden met een uitgebreider takenpakket.
- de Six Sigma-diploma's echt een waarde en status hebben. Wees dus voorzichtig met het al te makkelijk uitdelen van certificaten ter vergroting van commitment.
- het niet slagen van een verbeterproject geen sancties heeft als het project wel goed doorlopen is. Soms is het niet mogelijk om verbeteringen te realiseren; grenzen zijn dan echt bereikt.

AANBEVELINGEN

Probeer:

- ervoor te zorgen dat er doorstroming is op de Six Sigma-posities.
- Black Belts niet langer dan twee jaar in hun rol te laten functioneren. Dat Black Belts doorstromen, is belangrijk, maar dat andere medewerkers Black Belt worden, is nog veel belangrijker.
- ervoor te zorgen dat afgeronde verbeterprojecten nog jaarlijks worden geaudit om te zien of de gerealiseerde verbeteringen doorlopen.
- ervoor te zorgen dat de gerealiseerde verbeteringen worden toegekend aan de relevante verantwoordelijken.
- processen aan te leggen waarbij mensen regelmatig op hun Six Sigma-taken worden gewezen.
- zo nu en dan een certificaat in te trekken als de eigenaar achterblijft op zijn verplichtingen. Een certificaat moet zijn waarde behouden.
- ervoor te zorgen dat in de club Black Belts altijd een voormalig manager zit die (tijdelijk) is vrijgemaakt als Black Belt.

CASE MONITORING PROGRESS

Bij Groetelaers hebben ze voor Six Sigma gekozen, omdat ze er geld aan willen verdienen. Het monitoren van voortgang wordt dus gedaan in financiële grootheden. Daarvoor heeft men de begrippen groen en blauw geld ingevoerd. Groen geld (verwijzend naar de kleur van dollarbiljetten) is harde valuta. Besparingen in groen geld zijn direct in de kasstromen van Groetelaers te herkennen. Blauw geld (verwijzend naar 'blue collar workers') zijn besparingen in arbeidstijd. Deze besparen weliswaar geen contanten (immers: salariskosten blijven gelijk), maar leveren wel waarde op doordat extra uren beschikbaar komen: de productiviteit kan toenemen als deze winsturen nuttig worden ingezet. Dit blauwe geld heeft intern precies dezelfde waarde als groen geld. Bespaarde uren worden immers weer ingezet voor Groetelaers, bijvoorbeeld in nieuwe verbeterprojecten.

Voor de calculatie van groen en blauw geld wordt wederom gebruik gemaakt van de interne controller. Deze moet calculaties goedkeuren voordat ze worden vrijgegeven. De praktijk bij Groetelaers laat zien dat de resultaten van Six Sigma voor een kleine 60% uit groen geld en voor een ruime 40% uit blauw geld bestaan. De verschillende rollen krijgen ook expliciete targets voor de besparingen in verbeterprojecten. Een Master Black Belt haalt uit een verbeterproject zo'n € 500.000,–, een Black Belt tussen de € 50.000,– en € 100.000,– en Green Belt bespaart zo'n € 20.000,– in een verbeterproject.

Om de voortgang op een gedetailleerder niveau te monitoren zijn ook een aantal kwalitatieve indicatoren in het leven geroepen. Bijvoorbeeld: voortgang in het aantal getrainde medewerkers, de feedback van cursisten uit de training, voortgang uit het kwartaaloverleg met de Black Belts en de resultaten uit het medewerkerstevredenheidsonderzoek. Deze indicatoren worden meegenomen in het reguliere MT-overleg, en actiepunten met verantwoordelijkheden worden toegewezen als daar aanleiding voor is. De opbrengsten van verbeterprojecten door de Green Belts zijn geen KPI's van de Black Belts. De reden is dat verantwoordelijkheden voor verbeterprojecten in de gewone lijnorganisatie moeten liggen. De verantwoordelijkheid van de Black Belts is om de Green Belts te helpen in hun verbeterprojecten. Het verkrijgen van resultaat in deze verbeterprojecten is de verantwoordelijkheid van deze Green Belt. Zodra die verantwoordelijkheid ook bij de Black Belts zou komen te liggen, is de kans veel groter dat de Green Belts minder prioriteit aan de verbeterprojecten gaan geven. Als die achterblijft, zal de Black Belt het zelf wel op moeten pakken. Nu is dat niet het geval en dat werkt naar tevredenheid. Voor de algemeen directeur en het MT is de opbrengst uit verbeterprojecten uiteraard wel een KPI. Zij zijn verantwoordelijk voor de algehele bedrijfsvoering, dus ook voor het realiseren van besparingen. De essentie bij Groetelaers is dat Black Belts alleen verantwoordelijk zijn voor hun eigen verbeterprojecten en de Green Belts idem dito. Dat geeft duidelijkheid en eenvoud.

Het meten van prestaties in kwantitatieve grootheden werkt heel positief. Een voorbeeld bij Groetelaers is dat inhoudelijke discussies veel duidelijker worden, doordat er data zijn. Beleidsvraagstukken worden nu veel opener en duidelijker. Een voorbeeld: het hoofd van de afdeling productie bepaalt het succes van zijn afdeling door de hoeveelheid productiecapaciteit. Hoe meer hij kan produceren des te beter het is. De vraag naar broden is immers hoog, dus hoe meer capaciteit hij heeft des te beter zijn afdeling rendeert. Dit hoofd streeft dus naar capaciteitsmaximalisatie. Het succes is voor hem behaald, als er in nieuwe machines geinvesteerd kan worden; uitbreiding van de capaciteit. De Black Belts zien dat soms anders. In dit voorbeeld zouden zij veel liever zien dat er gestuurd wordt op capaciteitsoptimalisatie in plaats van op maximalisatie. Als de capaciteit van een machine nog beter wordt benut, dalen immers de kosten per product. Investeringen in nieuwe machines kunnen dan worden uitgesteld met als resultaat: groen geld. De Black Belts zien investeringen in nieuwe machines dus niet als een indicator van succes. Een dergelijke beleidsdiscussie (maximalisatie versus optimalisatie) wordt dus dankzij Six Sigma opeens heel anders gevoerd. De meetgegevens zijn er en het is een standaardmanier van werken om te discussiëren aan de hand van deze feiten.

7 MONITORING PROGRESS: METEN IS (Z)WETEN

Via Monitoring progress implementeer je stap voor stap Six Sigma-verbetermanagement. De essentie is dat metingen direct gerelateerd zijn aan het fysieke proces en dat hun relatie met het uiteindelijke bedrijfsresultaat duidelijk is. Via dergelijke metingen worden de effecten van verbetermaatregelen direct zichtbaar op de werkvloer. Gevalideerde indicatoren meten de voortgang en resultaten worden gecommuniceerd. Monitoring progress zorgt voor continuering van Six Sigma. Uiteindelijk zal de situatie ontstaan dat Six Sigma een standaardmanier van werken wordt. Fact-based terugkoppeling van de voordelen van het verbeterprogramma moet als kern gezien worden. Meetgegevens bieden de gelegenheid om het proces bij te sturen.

Introductie

Six Sigma is een fact-based benadering. Meten staat dan ook centraal in elk onderdeel van de filosofie. De lijst met meetgebaseerde Six Sigma-hulpmiddelen lijkt wel eindeloos: process dashboards, CTQ-metingen (Critical to Quality), klanttevredenheidsmetingen en ga zo maar door. Net zoals binnen verbeterprojecten (met DMAIC) meten centraal staat, maakt meten eveneens een belangrijk onderdeel van het Six Sigma-programma zelf uit. Meetbaar maken van de stand van zaken is een expliciete stap. Wat loopt goed en wat niet? En wat zijn de kosten en opbrengsten?

Dit hoofdstuk zal dieper ingaan op het meten van de voortgang. Vier zaken zullen worden uitgelicht:

1 Wat is meten eigenlijk en hoe meet je een verandering of verbetering?

2 Waarom is meten zo belangrijk voor Six Sigma?
3 Hoe meet je de stand van zaken binnen een Six Sigma-programma?
4 Hoe zorg je ervoor dat meten een succes wordt?

Wat is meten?

Meten is het proces waarbij getallen en symbolen worden toegekend aan begrippen of objecten in de werkelijkheid. Dit gebeurt zodanig en volgens afgesproken regels dat dit voor alle mensen hetzelfde betekent. Meten is essentieel om een objectief begrip te krijgen van wat er aan de hand is en hoe groot, klein, zwaar, licht, hoeveel of hoe weinig 'iets' is. Meten staat centraal in Six Sigma omdat het als hulpmiddel wordt gebruikt om te leren hoe causale relaties daadwerkelijk zijn. Meten helpt om te leren wat voor parameters invloed hebben op het uiteindelijke resultaat. Essentieel is dat de mensen in het proces zelf die metingen mogen uitvoeren. Let wel op dat er onderscheid wordt gemaakt tussen metingen aan het proces en metingen die gericht zijn op het resultaat van het proces. Dit illustreert zich het best aan de hand van een voorbeeld.

Een man van 130 kilo wil afvallen en bezoekt een diëtist. Samen maken ze een programma om zijn gewicht terug te brengen naar 85 kilo; een gewicht dat goed past bij zijn lengte. Iedere maand maken ze een afspraak voor een consult. Aan het begin van het consult moet de man altijd op een weegschaal gaan staan en wordt niet alleen zijn gewicht maar ook zijn spiermassa en vetpercentage gemeten. Dit zijn de *resultaatmetingen* van zijn afvalproces, deze resultaten geven het effect van het dieet weer. Maar deze metingen helpen niet bij het afvalproces zelf. Immers, als je geen verbetering ziet (gewicht neemt niet af), heb je nog geen idee wat er aan de hand is. Daarom krijgt de man ook de opdracht om een schriftje bij te houden waarin hij opschrijft hoeveel calorieën hij eet, hoeveel bewegingsuren hij per dag maakt en hoe hoog zijn hartslag is tijdens deze bewegingsuren. Dat zijn de *procesmetingen*. Immers, aan dit dieet en leefschema ligt de wetenschap ten grondslag dat met beweging en beperkte calorie-inname de man gaat afvallen. Deze relatie tussen proces en resultaat kan op deze manier gecontroleerd worden. Tegelijkertijd zul je zien dat de man zijn leefpatroon niet gaat inrichten op gewicht, maar dat hij het gaat inrichten naar zijn procesmetingen: calorieën en beweging. Dit zijn namelijk de parameters waarop hij direct invloed heeft en die het uiteindelijk gewenste resultaat positief beïnvloeden. Bovendien geeft het de diëtist de mogelijkheid om na te gaan hoe het afvalproces van zijn client verloopt. De essentie van meten is dat niet alleen resultaat wordt gemeten, maar dat vooral de proceseigenaren procesmetingen doen en dan specifiek op die parameters die een (bewezen) causaal verband met de resultaatmetingen hebben.

In de industrie zullen de resultaatmetingen het dichtst bij de bedrijfsprestaties moeten zitten. Winst en omzet worden bijvoorbeeld direct beïnvloed door een te hoog percentage uitval. Uitval is dan ook een resultaatmeting. De redenen voor uitval liggen in het proces, bijvoorbeeld door een beperkte mate van onderhoud aan machines of door een te hoge snelheid van productie. Deze procesmetingen moeten door de mensen in het proces zelf worden bijgehouden. Belangrijk is om het aantal indicatoren zo laag mogelijk te houden en ze zo dicht mogelijk te kiezen, ofwel ze af te leiden van de verbeterdoelstelling of het probleem dat opgelost moet worden. Metingen moeten direct op het fysieke proces liggen. Daarmee genereren ze inzicht in het functioneren van deze processen. Het terugbrengen van de standaardafwijking op de procesmetingen zal ervoor zorgen dat procesprestatie (en dus ook resultaat) constanter en dus voorspelbaarder wordt.

'Om het principe van constant produceren uit te leggen gebruiken we meestal de metafoor van de marathonloper: een marathonloper heeft elke kilometer wel de energie om een sprintje te trekken. Toch gaat hij kapot als hij dat doet. Hoe constanter hij loopt, hoe beter zijn eindtijd. Tussensprintjes zorgen voor een korte versnelling, maar hebben een negatief effect op de eindtijd.'

Bron: Six Sigma Black Belt.

In veel organisaties is sturing door het management vaak helemaal los komen te staan van de echte fysieke processen. Managers monitoren maandelijks een lijst van KPI's die volledig losstaan van datgene wat er daadwerkelijk gebeurt. Je ziet dat heel duidelijk doordat deze meetwaarden in grillige trends verlopen. De uitkomst van een KPI is dan niet gerelateerd aan de veranderingen. Je ziet dan ook dat tijdens Six Sigma-programma's de KPI's heel sterk veranderen. Six Sigma herstelt de relatie tussen leiders en de echte processen. Het meten van voortgang in een Six Sigma-programma kan dus bijvoorbeeld gerust worden gedaan aan de verandering in de KPI's.

Productiviteitsmetingen

'Dankzij Six Sigma is onze productiviteit enorm gestegen! We produceren nu 60% meer smoesjes, 14% meer maagzweren en ontvangen 1000% meer klachten!'

'Toen wij begonnen met meten hebben we het aantal meetpunten geprobeerd zo beperkt mogelijk te houden. De belangrijkste indicator van ons productieproces is het aantal ton eindproduct dat we per uur produceren. Omzet is daar direct aan gerelateerd. In het verleden stuurden we ploegen aan op maximalisatie. Elke productieploeg had dan ook eigen instel-

lingen van de machines. Opvallend in de trends was dat we na een piek in productie altijd een dal kregen, doordat werkzaamheden (bijvoorbeeld onderhoud) bleven liggen die later ingehaald werden of voor onnodig stilvallen zorgden. Die dalen bleken altijd dieper te zijn dan de pieken hoog waren. Onder de streep leverden pieken ons dus eigenlijk alleen nadeel op. We hebben daarom als belangrijkste doelstelling gesteld: constant produceren. We meten nu de prestatie per uur en definiëren als 'fout' wanneer de prestatie buiten de acceptatienorm valt. Zowel eronder als erboven. Stabiliteit meten we door de productie in de 25% uren met de slechtste prestaties te delen door de 25% uren met de beste prestaties. Hoe kleiner de verschillen, hoe beter we het doen. Inmiddels zien we dat het totale productievolume onder de streep al met 10% is gestegen en we staan nog maar aan het begin van ons programma.'

Bron: Six Sigma Black Belt

Voortgang meten van een Six Sigma-programma

Het meten van de voortgang van een Six Sigma-programma zelf is ook belangrijk. Dit is de meting van de mate waarin Six Sigma echt in de genen van de organisatie komt te zitten. Dit zijn niet altijd eenvoudige metrieken, maar elke organisatie heeft wel zijn eigen manier om dit meetbaar te maken. Voorbeelden van metrieken die kunnen helpen bij het bepalen van de mate van Six Sigma-deployment zijn:

- mate van opleiding van personeel in Six Sigma (aantal en percentage Black Belts en Green Belts).
- aantal verbeterprojecten en stand van zaken in verbeterprojecten.
- mate waarin de standaardafwijking van procesmetingen wordt teruggebracht (stabiel draaien).

Daarnaast zijn assessments een goed hulpmiddel om te bepalen in welke mate Six Sigma gebruikt wordt. Over het algemeen is een tweetal assessments per jaar voldoende om de vinger aan de pols te houden.

'In de praktijk zijn we nu pas net na twintig maanden begonnen met voortgangsmetingen van de borging van Six Sigma. Daartoe hebben we maandelijks een review met de Master Black Belts. De indicatoren zijn bepaald op basis van de processen die we hebben geïdentificeerd. In de praktijk blijkt het vaak lastig om goede indicatoren te ontwikkelen waarvoor je gemakkelijk data kunt verzamelen. We proberen de kwaliteit zo veel mogelijk uit te drukken in Sigmatermen en dat geeft wel verrassende inzichten. Bijvoorbeeld: Hoe goed is de kwaliteit van de training die we geven? De criteria die we hebben opgesteld zijn:

- *inhoud en materialen: niet lager dan een 8.*
- *kennis na afloop van de training: 7 of hoger.*
- *docent: niet lager dan een 8.*
- *algemene score: hoger dan een 8.*

Ik heb nog niet het gevoel dat deze indicatoren een compleet beeld geven, maar ik heb wel gemerkt dat ze de juiste discussie uitlokken en dus helpen.'

Bron: Six Sigma Black Belt.

Binnen de planning blijven

'Ik ben blij te kunnen vertellen dat ons Six Sigma-programma voorloopt op schema en minder budget heeft verbruikt. Geen slecht resultaat voor het eerste uur!'

Zorgen dat meten een succes wordt

Om meten tot een succes te maken, moet rekening gehouden worden met aantal basisvoorwaarden:

- Zorg voor draagvlak en laat betrokkenen daarom zelf de indicatoren bepalen, zelf de meetgegevens beoordelen en de conclusies trekken.
- Koppel metingen regelmatig terug en gebruik metingen nooit om mensen te beoordelen.
- Beperk het aantal indicatoren, meet alleen dat wat echt gebruikt wordt.

DRAAGVLAK DOOR BETROKKENHEID: GEEN 'IVOREN TORENS'

Een belangrijke bron van ergernis of weerstand is het gevoel dat er zaken voor je worden besloten die het beoogde probleem helemaal niet oplossen. Medewerkers moeten het belang van de metingen inzien, omdat deze naast hun normale werkzaamheden moeten worden uitgevoerd. Betrek daarom belanghebbenden bij het definiëren van indicatoren en laat hen zelf de indicatoren zoeken bij het op te lossen probleem. Zo zorg je ervoor dat diegenen die gaan meten tevens verantwoordelijk zijn of zich in elk geval voelen voor het oplossen van het onderliggende probleem.

Een groot gevaar van metingen is dat er analyses worden uitgevoerd, conclusies worden getrokken en beslissingen worden genomen die niet juist zijn. Metingen geven altijd een beperkte blik op de werkelijkheid, omdat je namelijk nooit alles meet. De kans is dus groot dat zaken die niet gemeten worden (maar wel van invloed zijn) over het hoofd worden gezien bij de analyse van de gegevens. Daarom is het essentieel dat diegenen die meten ook eigenaar van de metingen zijn, en dus ook zelf de beslissingen, conclusies en acties moeten definiëren. De interpretaties gebeuren 'in context': dus rekening houdend met zaken die niet worden gemeten.

'In een van mijn verbeterprojecten heb ik uitdrukkelijk op draagvlak en eigen invloed gestuurd. De effecten die hieruit voortkwamen, waren echt geweldig gaaf om te zien. Elke dag hadden we voortgangsvergadering,

waarbij door middel van toerbeurten monteurs direct betrokken waren. Ik was zelf aanwezig als een soort van coach/begeleider van de operationele leider, die dergelijke vergaderingen leidde. De vergaderingen werden heel gefocust gehouden: ze duurden niet langer dan vijftien minuten. Iedereen bleef staan, er werd op tijd gestart én gestopt, geen koffie erbij, et cetera. Doordat ik de operationele leider continu kon coachen, bereikten we binnen een paar weken al dat de mannen zichzelf gingen sturen en bijvoorbeeld zelf gingen plannen en overwerk regelen. Het lukte ons om hun het gevoel te geven dat ze zelf verantwoordelijk waren en konden ingrijpen, inzicht creëren in alle problemen, en in operationele voortgang. Dit zorgde voor veel ownership en verantwoording. De zaak ging echt "swingen".'

Bron: Six Sigma Green Belt.

FREQUENTE FEEDBACK, MAAR NIET OORDELEN OVER MENSEN

Meten doe je met één belangrijke reden: verbeteren. Metingen moeten daarom ook gebruikt worden om te kunnen verbeteren. Voordat metingen gebruikt kunnen worden om de juiste maatregelen te treffen zijn wel voldoende gegevens nodig. Het is in de praktijk vaak lastig mensen te vragen metingen te doen, omdat niet duidelijk is wat ermee gebeurt. Met als gevolg dat motivatie terugloopt, metingen onvolledig worden, aandacht verslapt, en onjuiste analyses gedaan worden. Het vasthouden van de aandacht voor metingen is daarom belangrijk. Een manier om hiervoor te zorgen is het geven van regelmatige feedback.

Feedback is het presenteren van de meetgegevens in de organisatie ten behoeve van analyse, het maken van conclusies, nemen van beslissingen en het voorstellen van maatregelen. De feedback wordt met regelmatige tussenpozen gegeven en heeft de grootste opbrengsten. Door intensieve terugkoppeling met betrokkenen wordt meer en meer inzicht verkregen in de problematiek van de organisatie en worden voorstellen ter verbetering naar voren gebracht die de facto gedragen worden door de hele organisatie. Bij feedback worden er conclusies getrokken, besluiten genomen en acties gedefinieerd door de medewerkers die gemeten hebben. Wanneer meetgegevens niet worden geanalyseerd en geïnterpreteerd, is alle geld, tijd en energie een verspilling van kostbare resources. Er schuilt een groot gevaar in het gebruik van meetgegevens en dat is het beoordelen van individuen. Het is dan ook ontzettend belangrijk altijd te waken voor deze valkuil. Een manier om dit te voorkomen is al hierboven besproken: maak de mensen zelf verantwoordelijk voor de metingen en de analyse.

'We voeren al tien jaar frequent assessments uit. In dat kader hebben we een Manufacturing Assessment Team samengesteld. Dit team bestaat uit eigen mensen, en ik maak deel uit van dit team en assess andere bedrijfsunits (waar ook ter wereld). Een assessment wordt in opdracht van de Manufacturing Director gedaan en vanuit de lijn van de fabriek voorbereid. We gebruiken nu geen extern bureau meer, in de ontwikkelfase is dat wel gebeurd. Doel van de assessments is het ondersteunen bij de ontwikkeling van de organisatie. We zijn op dit moment bezig om een assessment te ontwikkelen dat gericht is op het combineren van een lerende organisatie en Six Sigma.'

Bron: Six Sigma Champion.

HOUD HET KLEIN EN SIMPEL

Tot slot is het belangrijk het een en ander klein en simpel te houden. Het verzamelen van een beperkt aantal indicatoren en de analyse ervan, kan vaak al een behoorlijke klus zijn. Het is dan ook zaak te focussen op meest relevante indicatoren en die indicatoren die direct tot verbeteracties zullen leiden. Meten moet dus doelgericht zijn, waarbij steeds gekeken wordt naar de impact en actiegerichtheid die uit de gegevens naar voren komt.

'Het meten van de mate van Six Sigma-borging is lastig. Wij zijn daar niet zo een-twee-drie uitgekomen. We hebben niet echt "Six Sigma-tools" gebruikt om dit te doen, maar veel meer de weg bewandeld van visie → strategie → doelstellingen → KPI's en het continu in de gaten houden van E = Q x A. Wij hebben dus liever een KPI die gedragen wordt en niet helemaal klopt (meet je tenminste iets) dan een perfecte KPI (die je niet kunt meten omdat je de data niet krijgt). Ergo: boerenver-

stand gebruiken, KPI's samen bepalen en zorgen dat er regulier gerapporteerd en over gesproken wordt.'

Bron: Six Sigma Black Belt.

Meten van kosten en opbrengsten

Het uitvoeren van een Six Sigma-programma vraagt om een investering. Om de waarde van een investering te meten, gebruikt men doorgaans de metriek Return On Investment (ROI). Dat wil zeggen: het aantal malen dat iets wordt terugverdiend. Een ROI van vijf wil dus zeggen dat voor iedere geïnvesteerde euro er vijf euro winst wordt gemaakt of wordt bespaard. Om de ROI te berekenen, worden de kosten en de opbrengsten gekwantificeerd. De ROI is hierbij: (opbrengsten – kosten)/kosten.

HARDE VERSUS ZACHTE KOSTEN EN OPBRENGSTEN

Wanneer men spreekt over kosten en opbrengsten, wordt doorgaans een onderscheid gemaakt tussen harde en zachte kosten, en harde en zachte opbrengsten. Harde kosten en harde opbrengsten zijn die zaken die direct aan een verbeterproject zijn toe te wijzen en tevens direct in geld zijn uit te drukken. Voorbeelden van harde kosten zijn inspanning van mensen (uren), training en externe ondersteuning. Voorbeelden van harde opbrengsten zijn toename in productiviteit (producten per uur) en terugbrengen van ontwikkel- en herstelkosten (lagere kosten als gevolg van minder fouten).

Zachte kosten en zachte opbrengsten zijn die zaken die op een indirecte manier met het verbeterproject te maken hebben of moeilijk in geld zijn uit te drukken. Voorbeelden van zachte kosten zijn benodigde tijd voor een leercurve, inwerktijd door functieveranderingen en productiviteitsverlies door weerstand. Voorbeelden van zachte opbrengsten zijn toename in motivatie van personeel, trouwere klanten, hogere uitwisselbaarheid van medewerkers en een betere werksfeer.

In de praktijk worden voor een ROI-berekening vaak alleen de harde kosten en harde opbrengsten meegenomen. Aan de ene kant is dat begrijpelijk, omdat deze gegevens eenvoudiger te bepalen zijn dan de zachte kosten en opbrengsten. Aan de andere kant zijn de zachte opbrengsten soms groter of belangrijker dan de harde. Het is dan ook beter om ook zachte opbrengsten mee te nemen als de waarde van een verbeterproject wordt bepaald.

'Elke medewerker in ons productproces was het erover eens dat er altijd 5% uitval was door kwaliteitsproblemen. Er was al zo vaak geprobeerd om dit omlaag te brengen, maar het lukte niet. We zijn het meetapparaat dat de uiteindelijke kwaliteitstoets deed eens gaan valideren in een verbeterproject. Wat bleek: deze produceerde bijna volstrekt willekeurige uitkomsten. Goed product werd afgekeurd en slecht product werd gewoon goedgekeurd. De managementrapportages op deze productielijn waren dus al jarenlang bepaald door onzin. Immers, de meter was helemaal niet goed. We hebben een nieuwe meter aangeschaft, deze goed ingeregeld en met experimenten (DOE) gevalideerd. Onze uitval ligt nu onder de 1%. We proberen in het MT maar niet na te denken over de hoeveelheid goed eindproduct die we de laatste jaren hebben weggegooid, want dan word je helemaal gek. Zonder Six Sigma hadden we dit nooit gevonden of opgelost. We hadden immers altijd 5% uitval, dus dat planden we gewoon in!'

Bron: Six Sigma Black Belt.

Bij een ROI-berekening voor een Six Sigma-programma gaat het om het verkrijgen van een indicatie van de verhouding tussen kosten en opbrengsten. Het expliciet meten van kosten, opbrengsten en de ROI garandeert continuïteit en stimuleert commitment. Het is noodzakelijk binnen een Six Sigma-programma de kosten en opbrengsten duidelijk in kaart te brengen en zo veel mogelijk uit te drukken in geld. Ook zachte opbrengsten kunnen bij benadering in geld worden uitgedrukt en zodoende in een ROI-berekening worden meegenomen.

KWANTIFICEREN VAN ZACHTE OPBRENGSTEN

In de praktijk wordt vaak gezegd dat de zachte opbrengsten van verbeterprogramma's moeilijk te meten en in geld uit te drukken zijn. Hoe meet je bijvoorbeeld 'toename van klanttevredenheid' of 'meer motivatie bij personeel met minder overuren'? En als dat al lukt, hoe druk je dat dan in geld uit?

De grootste fout bij het waarderen van zachte opbrengsten is om er een waarde van nul aan toe te kennen. Het op nul euro waarderen van zachte opbrengsten is net zo fout als het waarderen op honderd miljoen euro. In de meeste gevallen is het mogelijk om ergens tussen nul en honderd miljoen een getal (of een bereik) te bepalen, dat de financiële waardering van de zachte opbrengst op zijn minst enigszins benadert. Een dergelijke schatting kan gemaakt worden door middel van:

- het consulteren van de belangrijkste belanghebbenden (hoeveel had het gekost als dit product twee weken later de markt was opgegaan?).
- het inschatten van de kostenbesparing (hoeveel tijd was je extra kwijt geweest als je dit niet had veranderd?).
- het bepalen van de inkoopwaarde (wat als je deze zachte opbrengst had kunnen kopen, wat had je er dan voor over gehad?).

Voor het kwantificeren van zachte opbrengsten is het betrekken van de controller raadzaam. Hij heeft vaak praktische ideeën over het kwantificeren en is als het goed is sowieso in een stadium nodig om een verbeterproject officieel goed te keuren (inclusief de kosten/opbrengsten).

Neem bijvoorbeeld een omgeving waar als belangrijkste zachte opbrengst de toename van personeelsmotivatie wordt aangegeven. Dit kan in geld uitgedrukt worden, door met de desbetreffende leidinggevende te overleggen wat hij ervoor over had gehad als hij een dergelijke motivatiegroei had kunnen kopen. Een andere vraag zou kunnen zijn hoeveel dagen cursus hij er voor zijn personeel voor over had gehad als ze daarmee een dergelijke motivatiegroei zouden doormaken. Het antwoord op die vraag is ook weer vrij direct in geld uit te drukken via de gemiddelde kosten van een dag cursus voor een medewerker en diens tijdsbesteding gedurende de cursus. Ook kan het ziekteverzuim meegenomen worden bij het kwantificeren van personeelsmotivatie. Andere voorbeelden van opbrengsten liggen bijvoorbeeld op het vlak van 'voorkomen kosten', zoals fouten of vertragingen die voorkomen zijn. Ook kunnen emissiereducties een opbrengst zijn en kunnen deze via de tarieven uit de emissiehandel worden verrekend.

Conclusie

De indicatoren die binnen een verbeterproject worden gemeten moeten zo dicht mogelijk bij de verbeterdoelstelling en het daadwerkelijke proces gekozen worden. Dat is de kracht van Six Sigma: het herstelt de relatie tussen leiders en het daadwerkelijke proces. Het dwingt hen te sturen op procesindicatoren en minder op resultaatindicatoren. Voor metingen is het handig om het daadwerkelijke probleem als belangrijkste indicator te nemen, bijvoorbeeld een te hoog percentage uitval of een te lange levertijd. Daaronder worden dan wel vaak nog een aantal andere indicatoren vastgesteld om te helpen met het lokaal optimaliseren van een oplossing of om bij te houden welke andere factoren van invloed zijn op het eindresultaat. Maak daarin onderscheid tussen resultaatmetingen en procesmetingen. Medewerkers hebben meestal een indirecte invloed op resultaatmetingen maar een directe invloed op procesmetingen. De hoeveelheid uitval kunnen ze als individu niet beïnvloeden, maar zorgen dat een productiestap binnen de normwaarden blijft wel. Belangrijk is om het aantal indicatoren zo laag mogelijk te houden en ze zo dicht mogelijk te kiezen bij het probleem dat opgelost moet worden of bij het afleiden van de verbeterdoelstelling. Daarnaast is het van belang altijd de ROI van verbeterprojecten en het Six Sigma-programma te meten.

Checklist

KRITISCHE SUCCESFACTOREN

Zorg ervoor dat:

- verbeteringen direct zichtbaar gemaakt worden bij alle stakeholders maar met name bij diegene waar commitment lastig of essentieel is.
- voortgang gerapporteerd wordt door cockpits die frequent en in alle geledingen breeduit gecommuniceerd worden.
- voortgang van verbeterprojecten fact-based en op basis van gemeten resultaten gecommuniceerd wordt.
- het vergaren van kennis of leren centraal staat bij het meten. Meten op zich is geen doel: je doet het om er iets van te leren.
- regelmatige assessments (bijvoorbeeld jaarlijks) bijhouden hoe groot de mate is waarin Six Sigma geïnstituationaliseerd is in de organisatie.
- belanghebbenden zelf hun indicatoren kiezen en zelf de gegevens verzamelen en de analyses uitvoeren.
- die personen die de metingen moeten uitvoeren ook het belang van die metingen inzien en zelf de analyse en interpretatie doen.
- elk verbeterproject de resultaten uitdrukt in een 'return on investment'. Hiermee wordt heel expliciet het financiële resultaat van een Six Sigma-programma inzichtelijk gemaakt.
- indicatoren valide zijn en eenduidig uitgelegd worden. Niets is vervelender dan voortgang te meten aan de hand van een indicator, en om achteraf te ontdekken dat de metingen nietszeggend zijn.

VALKUILEN EN POTENTIËLE FOUTEN

Pas ervoor op dat:

- er gemeten wordt om het meten. Als metingen niet geanalyseerd of gebruikt worden in beslissingen of voor het doorvoeren van verbeteringen, is meten zinloos. Monitor het nut van metingen.
- het excuus gebruikt wordt dat er niet gemeten kan worden omdat het niet te meten is. Alles kan namelijk gemeten worden op een manier die beter is dan helemaal niet meten.
- andere mensen (met name managers) meetgegevens gaan interpreteren zonder dat ze op de hoogte zijn van de exacte gang van zaken. Het interpreteren van meetgegevens moet gebeuren door de eigena-

ren van het proces en diegenen die daadwerkelijk invloed kunnen uitoefenen op dat proces en begrijpen waar het over gaat.

- meetgegevens gebruikt worden om individuele personen op af te rekenen. Dat wekt fraude in de hand en neemt intrinsieke motivatie direct weg.
- een te groot aantal indicatoren wordt gedefinieerd. Het is beter eerst klein te beginnen met een paar indicatoren en dat te laten groeien, dan ineens met tientallen indicatoren te starten.
- indirecte of zachte opbrengsten geen waarde krijgen toegewezen. Het is altijd mogelijk een getal te vinden dat een benadering is van een opbrengst die beter is dan een waardering van nul.

AANBEVELINGEN

Probeer:

- onderscheid te maken tussen directe opbrengsten en indirecte opbrengsten. Bijvoorbeeld door het onderscheiden van groen geld en blauw geld (groen geld is echte valuta en blauw geld is inspanning).
- indicatoren zo dicht mogelijk bij het oorspronkelijke probleem of bij de primaire bedrijfsresultaten te kiezen.
- bij het kiezen van indicatoren altijd mede te bepalen wat er gedaan zal worden bij bepaalde waarden. Metingen moeten leiden tot actie.

CASE SYSTEMS AND STRUCTURES

Het borgen van Six Sigma vindt bij Groetelaers plaats in de gevestigde structuren. Zo zijn inmiddels een groot aantal functiebeschrijvingen zodanig aangepast dat de kennis en attitudes van Six Sigma erin zijn opgenomen. Dit garandeert dat bij doorstroming van eigen personeel of vacatures voor nieuwe medewerkers de Six Sigma-eisen zijn meegenomen en dat Six Sigma dus niet verdwijnt met het verloop van personeel. Dit geldt voor de functies waar een Master Black Belt-, Black Belt- of Green Belt-opleiding voor nodig is.

Andere Six Sigma-gerelateerde functies, in het bijzonder op het operationele niveau, kennen deze eisen nog niet. Dat heeft er ook mee te maken dat momenteel nog niet alle medewerkers de Yellow Belt-training hebben doorlopen. Wel blijkt het zo te zijn dat het verschil in kennis tussen deze Yellow Belts en de Green Belts erg groot is. Vandaar dat er nu ideeën zijn om een opleiding hiertussenin te definiëren. Dat helpt ook om de champions te creëren op het operationele niveau. Deze mensen krijgen dan een gedetailleerdere scholing maar worden niet (zoals een Green Belt) uiteindelijk verantwoordelijk om een verbeterproject te trekken. Deze medewerkers (gedacht wordt aan Orange Belts) krijgen de verantwoordelijkheid deel te nemen en input te leveren aan een verbeterproject, onder leiding van een Green Belt.

Groetelaers hecht een groot belang aan het trainen in Six Sigma. Niet alleen om ervoor te zorgen dat medewerkers kennis hebben, maar ook als signaalfunctie dat Six Sigma belangrijk is. Dat is ook een van de redenen voor de (Yellow Belt) Six Sigma-training: iedereen moet deze training volgen want Six Sigma verdient dat. Dat is het signaal, en om dit signaal te onderstrepen wordt gebruikgemaakt van de interne Six Sigma-trainingsruimte. Groetelaers onderkent wel dat deze expliciete aandacht voor Six Sigma ook een keerzijde heeft, namelijk dat het toch als iets aparts wordt gezien. Idealiter is Six Sigma als filosofie en werkwijze onderdeel van de normale operatie. Door de expliciete aandacht voor Six Sigma-training, Six Sigma-verbeterprojecten en Six Sigma-trainingsruimte en dergelijke, krijgt het toch het imago van een aparte beweging. Groetelaers ziet dit toch als iets tijdelijks en doet dit vooral om een shared need en commitment te verkrijgen. Zodra Six Sigma-ervaringen ruimschoots aanwezig zijn, zal het beleid worden omgegooid. Het is de bedoeling dat uiteindelijk dit Six Sigma-team verdwijnt en opgaat in de normale lijnorganisatie.

---

8 CHANGING SYSTEMS AND STRUCTURES: OP WEG NAAR GEËFFENDE PADEN

Het borgen van Six Sigma in de systemen en structuren van een organisatie is een heel basaal maar daardoor toch vaak vergeten onderdeel van een Six Sigma-programma. Dit vraagt om het aanpassen van bestaande support- en managementsystemen, zoals beloningssystemen, managementdevelopmentsystemen, trainingsprogramma's, proceshandboeken en dergelijke. Kortom, 'Changing systems and structures' gaat over het versmelten van werkprocessen en de ondersteunende systemen met de Six Sigma-filosofie en werkwijze. Doe je dit niet, dan blijft Six Sigma iets aparts en zal het nooit serieus in de organisatie worden geborgd. Borgen in systemen en structuren zal vanaf het begin van een Six Sigma-programma moeten gebeuren en niet tot het laatst worden uitgesteld.

Introductie

Dit hoofdstuk gaat over het borgen van Six Sigma in de systemen en structuren van een organisatie. Dit is vaak de enige plaats waar borging expliciet en beschreven plaatsvindt. Six Sigma borgen betekent dat er automatismen tot stand worden gebracht die Six Sigma versterken en in veel gevallen niet als Six Sigma herkenbaar zijn. Als een organisatie Six Sigma echt wil laten vergroeien met de cultuur en werkwijzen, moet het daar niet alleen expliciet maar ook impliciet deel van uitmaken. Systemen en structuren zijn daarvoor een uitgelezen kans. In dit hoofdstuk gaan we in op hoe de systemen en structuren er daadwerkelijk uit kunnen zien.

'Ja, ik weet dat jij het nieuwe organogram op zou stellen, maar ik had eigenlijk wel iets anders in gedachten.'

Welke systemen en structuren meenemen?

Het is belangrijk om expliciet te kiezen waar en hoe je Six Sigma in de systemen en structuren verankert. Daarvoor is het dus raadzaam om een inventarisatie te maken van de bestaande systemen, processen en organisatiestructuren en voor elk van deze te beslissen waar en hoe ze nuttig kunnen zijn als verankeringsmechanisme. Doe dit heel expliciet. Waardeer (bijvoorbeeld op rapportcijferschaal) per onderdeel:

- de mate waarin medewerkers ermee in aanraking komen (communicatie/contact)
- de mate waarin het door Six Sigma wordt beïnvloed (effect)
- de mate waarin het Six Sigma-succes kan beïnvloeden (faciliteren)
- de mate waarin medewerkers het onderdeel waarderen/afwijzen (weerstand/motivatie)
- de mate waarin het onderdeel aan te passen is en de daarmee gerelateerde kosten.

Deze waarderingen kunnen gewogen worden. Zodoende kan een lijst gemaakt worden met welke systemen en structuren in mindere of meerdere mate geschikt zijn als borgingsmechanisme voor Six Sigma.

Het is onmogelijk om een uitputtende lijst te geven van welke systemen wel en niet geschikt zijn. Ook hier geldt weer dat dit lokaal bepaald moet worden en sterk afhankelijk is van de specifieke situatie. Wel kunnen we stellen dat het haast onmogelijk lijkt om Six Sigma te borgen zonder aanpassingen aan:

- de operationele meet- en beheerssystemen
- de HRM-systemen, zoals de functiewaarderingssystemen en opleidingssystemen
- doorgroeisystemen en aanname- en benoemingssystemen
- de werkprocessen, proceduresystemen en kwaliteitssystemen.

Meet- en beheerssystemen

De meetsystemen en beheerssystemen bepalen de wijze waarop er gemeten wordt aan processen in een organisatie en hoe erop gestuurd wordt. Deze systemen zitten bijvoorbeeld direct in de primaire productiesystemen van een fabriek en meten prestaties van de processen. De meet- en beheerssystemen worden doorgaans anders ingericht zodra er met Six Sigma gewerkt wordt. KPI's en managementrapportages komen dichter op het daadwerkelijke proces te liggen. Daarnaast verschuift de balans van resultaatmetingen naar procesmetingen. Meetsystemen worden ook (dankzij Six Sigma) ter discussie gesteld en gevalideerd. Zodoende komen fouten in deze systemen aan het licht en worden daardoor de mogelijkheden tot procesverbetering vergroot doordat processen inzichtelijker worden. De beheerssystemen worden zodanig ingericht dat er 'fail-safe'- of 'mistake-proof'-processen ontstaan. De mechanismen worden herzien zodat ze ervoor zorgen dat fouten worden voorkomen maar dat ook correctieve processen al klaar staan.

'In één van onze fabrieken buigen we glazen buisjes tot een vorm. De glazen buisjes worden door tien branders in een soort oven verwarmd, daarna worden ze machinaal verbogen. Op ieder gasbrandertje zit een aparte gaskraan. Voor de grap hebben we eens een hele dag een camera op deze oven gezet. De hele dag zie je niets anders dan dat operatoren aan de gaskraantjes zitten te draaien om deze "in te stellen". Zeker als er een nieuwe ploeg begint, gaan alle machine-instellingen om. Elke operator heeft eigen ervaringen en eigen ideale instellingen. We hebben in een verbeterproject de beste instelling onderzocht en vervolgens een grote plaat voor deze gaskranen gezet met een stevig slot erop. Het resultaat was verbluffend: 10% minder uitval door kwaliteitsproblemen. Bovendien willen alle andere afdelingen opeens ook een soortgelijke plaat met slot. Dit proces had geen meetsysteem, maar was zeker niet fail-safe.'
Bron: Six Sigma Champion.

HRM-systemen

HRM-systemen zijn cruciaal, omdat ze ervoor zorgen dat de beste mensen, met de juiste middelen, op de juiste momenten, de juiste rol in een Six Sigma-programma vervullen. De mate van Six Sigma-adoptie moet bijvoorbeeld onderdeel zijn van beoordelingen, en functieomschrijvingen moeten eisen bevatten voor een Green Belt- of Black Belt-certificaat. Toegang tot Six Sigma moet mogelijk zijn voor een select gezelschap, namelijk voor de beste mensen, die via een openbare ranking het programma in mogen en door te stromen naar de managementposities.

Als de HRM-systemen niet kloppen, willen de beste mensen geen Black Belt worden. Als de beloningssystemen niet kloppen, wil niemand de leiding in een verbeterproject hebben. Als het managementdevelopmenttraject niet via een (Master) Black Belt positie loopt, krijg je geen managers in lijnposities die om data en feiten vragen. Een goed voorbeeld komt wederom van General Electric. In het eerste jaar van het Six Sigma-programma lukte het maar niet om de beste mensen als Black Belt te krijgen, omdat ze te belangrijk waren voor het operationele proces en niet gebruikt werden om dat operationele proces te verbeteren. Het tweede jaar werden de aandelenopties van GE alleen uitgekeerd aan Black Belts en Green Belts. Binnen de kortste keren waren alle posities ingevuld en werkte het opeens wel.

Reviewproces

'Je prestaties van de laatste tijd vallen me tegen. Ik heb al een tijd geen voorstellen voor verbeterprojecten kunnen negeren!'

HRM-systemen, zoals de functiewaarderingssystemen, opleidingssystemen, managementdevelopmentsystemen en aanname- en benoemingssystemen moeten heringericht worden rond Six Sigma. Eisen aan medewerkers en hun functies moeten op dezelfde manier worden herzien en aangepast. Alleen dan zal Six Sigma echt onderdeel worden van de normale gang van zaken.

Werkprocessen en -proceduresystemen

Werkprocessen en -proceduresystemen leggen de huidige werkwijzen vast. Deze systemen moeten er zijn om bijvoorbeeld aanpassing te kunnen vastleggen en ze moeten ervoor zorgen dat nieuwe kennis niet vervliegt. De snelheid waarmee veranderingen worden doorgevoerd moet een KPI zijn. Hoe langer verbeteringen blijven liggen hoe meer geld er wordt verspild.

De Six Sigma-processen die worden toegevoegd (zie hoofdstuk 9) zullen ook in dergelijke systemen moeten worden vastgelegd, geëvalueerd en verbeterd. Een voorbeeld van een dergelijk proces is de selectie van verbeterprojecten; het proces dat projecten beoordeelt voordat ze worden gestart. Op die manier wordt ervoor gezorgd dat alleen de juiste projecten worden gestart met de beste kans van slagen en de beste opbrengsten.

'Binnen ons bedrijf hebben we een Corporate Management Systeem (CMS). Dit systeem wordt beheerd door een supportteam van ongeveer tien mensen (voor een organisatie van 4500 mensen). Dit team coördineert wijzigingen in procedures, instructies en dergelijke. Het team is niet verantwoordelijk voor de inhoud van deze documenten, maar wel verantwoordelijk dat de juiste mensen wijzigingen autoriseren voordat ze worden vrijgegeven. Daarnaast hebben we in ons bedrijf een intranetbibliotheek waar alle documenten (studies, contracten, legal documents, tekeningen, et cetera) in worden opgeslagen. Het uitgangspunt is dat er zo min mogelijk documenten op persoonlijke disks worden opgeslagen. Daarnaast hebben we een apart "projecttrackingsysteem" voor de verbeterprojecten waarin we deze administreren en de status volgen (voortgang, benefits, KPI's). Naar mijn idee is een apart systeem voor metingen vaak niet nodig en zeker niet in een kleine organisatie. Excel biedt doorgaans al voldoende functionaliteit.'

Bron: Six Sigma Master Black Belt.

Conclusie

Ook in de systemen en structuren van een organisatie vindt borging plaats. Of nog beter, dit is vaak de enige plaats waar borging expliciet en beschreven plaatsvindt. Six Sigma borgen betekent dus ook dat er automatismen tot stand worden gebracht die Six Sigma versterken en in veel gevallen niet als Six Sigma herkenbaar zijn. Als een organisatie Six Sigma echt wil laten vergroeien met de cultuur en werkwijzen, moet het daar niet alleen expliciet maar ook impliciet deel van uitmaken. Systemen en structuren zijn daarvoor een uitgelezen kans. Dit is geen stap die tot het laatst moet wachten. Het aanpassen van systemen en structuren is een parallel traject dat vanaf de eerste dag moet worden gestart.

Checklist

KRITISCHE SUCCESFACTOREN

Zorg ervoor dat:

- Six Sigma geborgd wordt in de systemen en structuren.
- Six Sigma versmelt met de geijkte werkwijzen en processen.
- er een expliciete inventarisatie wordt gemaakt van de systemen en structuren en beslis expliciet waar Six Sigma een rol moet vervullen.
- een Six Sigma-opleiding en ervaring een essentieel onderdeel uitmaakt van het managementdevelopmentprogramma.
- de trainingorganisatie is doorspekt met Six Sigma. Een variatie aan Six Sigma-trainingen en programma's moet tot het aanbod behoren.

VALKUILEN EN POTENTIËLE FOUTEN

Pas ervoor op dat:

- het borgen van Six Sigma in de systemen en structuren niet vergeten wordt. De praktijk laat zien dat dit vaak onvoldoende gebeurt.
- Six Sigma altijd een aparte activiteit blijft. In eerste instantie kan dat noodzakelijk zijn, het werkt echter alleen maar tijdelijk.

AANBEVELINGEN

Probeer:

- een competentieplan voor de organisatie te maken dat rekening houdt met de bezetting van bepaalde posities en de benodigde opleiding.
- ervoor te zorgen dat voor elke belangrijke positie in de organisatie reeds een opvolger klaar staat. Dat biedt goede mogelijkheden voor doorstroming en voorkomt problemen bij onverwacht verloop.

CASE GROETELAERS' SIX SIGMA-PROGRAMMA

De algemeen directeur van Groetelaers is Frans van Grieten. Frans werkt sinds 2002 bij Groetelaers en hij had al ervaring met Six Sigma vanuit zijn baan bij een vorige werkgever. Daar had hij met Six Sigma kennisgemaakt en hij was een echte adept geworden. Het eerste jaar heeft hij voornamelijk gebruikt om vertrouwd te raken met het bedrijf, de mensen goed te leren kennen en zich een beeld te vormen van de problemen en mogelijke oplossingen. Precies een jaar na zijn aanstelling is een Six Sigma-programma gestart met als doelstellingen: kostenbesparing, procesversnelling en kwaliteitsverbetering. De eerste training in Six Sigma werd daarvoor aan het managementteam (MT) gegeven. Bovendien heeft hij een collega, die hij kende uit een andere Six Sigma-organisatie, gevraagd om in dienst te komen om de Six Sigma-invoering te leiden. Als eerste stap zijn twee medewerkers vrijgemaakt van hun functie en opgeleid tot Black Belts. Dit waren echte high-potentials: jong, ambitieus en gretig. Deze selectie is in eerste instantie gedaan op basis van een persoonlijke selectie van de algemeen directeur zelf. Voor toekomstige Black Belts is een assessment onderdeel van de procedure. De Black Belts van vandaag zijn namelijk de directeuren van morgen.

Deze twee medewerkers hadden vooral kennis van de specifieke bedrijfsproblematiek en Groetelaers-processen, maar hadden (nog) geen managementfunctie. Ze hebben tijdens hun Black Belt-training de eerste grote verbeterprojecten gedraaid. Ook is voor een aantal maanden een Master Black Belt ingehuurd. Deze Master Black Belt is een gerenommeerd Six Sigma-expert; hij kent alle ins en outs van het succesvol toepassen van Six Sigma. De primaire taak van deze Master Black Belt was dan ook het trainen, coachen en ondersteunen van de Black Belts. Vervolgens is het managementteam opgeleid als Green Belt en ook zij hebben tijdens hun opleiding twee Six Sigma-verbeterprojecten uitgevoerd. Het eerste verbeterproject was een klein individueel project, voornamelijk gericht op het leren werken met Six Sigma. Het tweede project was een echt groot verbeterproject in het bedrijf. Vooralsnog staat de Six Sigma-organisatie als losse unit buiten de gewone operatie. Het is uiteindelijk de bedoeling dat deze Six Sigma-organisatie opgaat in de normale lijnorganisatie.

Frans ziet Six Sigma niet als een methode. Hij ziet het als filosofie; als een manier waarop je in je beroep staat. Six Sigma is dan ook geen project volgens hem. Niet iets wat je een aantal jaren doet. Six Sigma is volgens hem een weg met afslagen. Bij iedere afslag maak je welbewust en op basis van harde cijfers een keuze welke afslag te nemen. Six Sigma is dan ook geen doel; het is een way of life. Volgens Frans zorgt Six Sigma ervoor dat mensen zelf invloed hebben op hun eigen werk; om het beter te doen en daardoor het bedrijf te verbeteren. Hij vindt dat je van werknemers mag verwachten dat ze er alles aan doen om zichzelf en het bedrijf steeds beter te maken. Je moet hen daar dan wel de hulpmiddelen en tijd voor geven. En dat ziet hij als zijn persoonlijke taak. Six Sigma is voor hem ideaal, omdat het exact die hulpmiddelen en structuren biedt om op een vaste en herkenbare manier aan verbetering te werken.

Wel ziet Frans een groot gevaar aan Six Sigma en dat is dat medewerkers te veel gaan theoretiseren. Vooral bij de Black Belts ervaart hij dat als gevaar, omdat die 100% van hun tijd beschikbaar hebben voor Six Sigma. Regelmatig zien zij Six Sigma als doel en niet als weg. De belangrijkste bedrijfsdoelstellingen, omzet, winst, groei, et cetera mogen nooit uit het oog worden verloren. Frans benadrukt dat het gaat om de mensen die de Six Sigma-gereedschappen gebruiken en de beslissingen die zij daarmee nemen. Het moet erom gaan wat Groetelaers ermee doet en er zodoende beter van wordt.

De aanbevelingen van Frans om Six Sigma succesvol in te voeren zijn:

- zorg voor een shared need. Zonder burning platform (in zijn geval het beter doen dan de grootste concurrent) is een dergelijke ingrijpende cultuurverandering kansloos.
- zorg voor medestanders op alle niveaus; van hoog naar laag in de organisatie.
- herhaal de boodschap 100.000 keer. Grijp elke gelegenheid aan om het belang en de kracht van Six Sigma te benadrukken.
- ga niet te snel. Neem de tijd en geef mensen de tijd om zich Six Sigma eigen te maken. Accepteer dat het niet altijd precies volgens het boekje gaat; zolang de richting en intenties maar juist zijn.

9 TOT SLOT: HOE ORGANISEER JE EEN SIX SIGMA-PROGRAMMA?

Een Six Sigma-programma succesvol organiseren gaat alleen wanneer het hoogste management Six Sigma op een top-downmanier in een organisatie implementeert. Leiderschap is de drijvende kracht achter Six Sigma. Via leiderschap wordt de verbeterkracht in een eigen organisatie gemobiliseerd en gefocust. Top-down invoeren van Six Sigma vanuit het management is daarom essentieel, anders lukt het niet. De uitvoering van Six Sigma kent een aantal basisprocessen voor het bouwen en beheren van een Six Sigma-populatie en voor het selecteren, uitvoeren en valideren van verbeterprojecten. Tevens dient Six Sigma zodanig georganiseerd te worden dat het programma de hoogste rendementen heeft en dat resultaten daar liggen waar ze het meest nodig zijn.

Introductie

Dit boek gaat over de randvoorwaarden om van Six Sigma een succes te maken. Het richt zich op de vraag: hoe zorg ik ervoor dat Six Sigma echt in een organisatie wordt opgenomen (institutionalisatie van Six Sigma)? Daarvoor is in dit boek het CAP-model als kapstok gekozen. Naast de onderdelen van dit model is het nodig iets te zeggen over de organisatie van een Six Sigma-programma. De manier waarop Six Sigma wordt aangepakt, de basisprocessen die daarbij horen en de financiële afrekening ervan, zijn namelijk erg belangrijk. CAP gaat daar niet echt operationeel op in. Vandaar dit hoofdstuk over de organisatie van een Six Sigma-programma.

Implementatiestrategie voor Six Sigma

Elke organisatie zal voor zichzelf moeten bepalen hoe ze Six Sigma gaat invoeren. Bij de keuze van de implementatiestrategie spelen twee keuzes een rol. Allereerst moet gekozen worden op welke schaal Six Sigma wordt geïntroduceerd: klein of groot. Wordt het eerst via een aantal verbeterprojecten in een deel van de organisatie geïmplementeerd alvorens het op te schalen of wordt direct gekozen voor een 'big bang' waarbij de hele organisatie met Six Sigma gaat werken? Ten tweede moet gekozen worden via welk mechanisme het wordt geïntroduceerd: top-down of bottom-up.

TOP-DOWN-IMPLEMENTATIE: HET LEIDERSCHAPSMODEL

Het leiderschapsmodel kenmerkt zich door commitment en betrokkenheid van het hoogste management in een organisatie. Het management wordt afgerekend en rekent zichzelf af op de mate waarin Six Sigma succesvol is. Het management bestaat uit de 'Six Sigma Champions'. Het legt Six Sigma op aan de organisatie en Six Sigma is daardoor ook expliciet terug te vinden in het beleid van de organisatie, de bedrijfsstrategie, de managementstructuren, het managementdevelopmenttraject, et cetera. Het is in het leiderschapsmodel logisch om de primaire doelstelling van de organisatie te bereiken door het toepassen van Six Sigma.

Het voordeel van het leiderschapsmodel is dat de continuïteit van een Six Sigma-implementatie sterk is gewaarborgd. Continue steun van het management zorgt immers voor een zichzelf in stand houdende structuur. Draagvlak, prioriteit en financiële ruimte voor Six Sigma staan niet ter discussie want het management is zelf de grote sponsor. De belangrijkste focus in het leiderschapsmodel ligt op het bewerkstelligen van een cultuuromslag: iedereen in de organisatie moet om. Six Sigma moet in ieders 'genen' terechtkomen. Het leiderschapsmodel kent echter wel nadelen. Het kan bijvoorbeeld weerstand oproepen en het stelt sterke eisen aan de daadwerkelijke invoering door het management zelf. Het leiderschapsmodel vraagt om een rigoureuze aanpak, die regelmatig om keuzes zal vragen die niet makkelijk zijn. Bovendien ligt er een sterke focus op het veranderen van de mindset in de organisaties, waardoor het lang kan duren voordat de eerste concrete resultaten zichtbaar worden. Tot slot eist het model dat het management de rijen sluit en gezamenlijk Six Sigma als strategie uitdraagt. Als één of een paar managers verzaken, valt alles om. Kortom, het leiderschapsmodel is een kwetsbaar model maar wel één met een grote kans van slagen. Het moet wel voor de volle honderd procent worden opgepakt. Je doet het helemaal of niet.

BOTTOM-UP-IMPLEMENTATIE: HET EXPERTMODEL

In het expertmodel draait het om een beperkt aantal Six Sigma-experts die op basis van persoonlijke drive en initiatief verbeterprojecten met behulp van Six Sigma uitvoeren in de organisatie. Het expertmodel werkt stapsgewijs met verbeterprojecten naar een positief imago voor Six Sigma. Het leunt sterk op draagvlak door ervaring, merkbare voordelen op de werkvloer en aantoonbare winsten in processen of oplossingen voor duidelijke problemen. Het expertmodel werkt niet op basis van macht en overtuiging maar werkt op basis van toepasbaarheid en haalbaarheid. De focus ligt op het aantonen van het concreet verbeteringspotentieel dat met Six Sigma kan worden aangesproken. Het expertmodel kenmerkt zich door inhoudelijk gedreven deskundigen die relatief geïsoleerd verbeterprojecten tot een resultaat brengen. Op basis hiervan wordt Six Sigma bottom-up het bedrijf in gebracht en 'verkocht' aan het management.

Het expertmodel kent zware nadelen. Het model werkt namelijk alleen op kleine schaal. Het werkt daarom alleen in de eerste opstart van Six Sigma. Het is vrijwel uitgesloten om een blijvende implementatie van Six Sigma op grote schaal te realiseren zonder het expertmodel los te laten en over te stappen op het leiderschapsmodel. Het expertmodel is dus in veel gevallen een doodlopende weg, omdat het niet leidt tot het aanpassen van systemen en structuren. Six Sigma blijft dan een hobby van experts.

KIEZEN VAN DE SCHAALGROOTTE

Uiteindelijk kan een organisatie maar vanuit één benadering succesvol Six Sigma implementeren en dat is top-down. Vanuit het leiderschapsmodel dus. In de praktijk zie je regelmatig dat Six Sigma niet wordt geïntroduceerd vanuit het leiderschapsmodel, maar vanuit een expertmodel. Dit heeft te maken met de schaalgrootte waarop introductie plaatsvindt.

	Leiderschapsmodel (top-down)	Expertmodel (bottom-up)
Grote schaal (big bang)	Beoogd Eindresultaat	Doodlopende Weg
Kleine schaal	Bedrijfsonderdeel (dochter, afdeling, proces) dat als voorbeeld kan dienen	Losse projecten die als voorbeeld kunnen dienen

Figuur 6: Schaalgrootte versus aanpak van Six Sigma

Omdat het leiderschapsmodel uiteindelijk de enige manier is voor een volledige implementatie wordt in dit boek het leiderschapsmodel als uitgangspunt genomen voor Six Sigma. Introductie van Six Sigma via het expertmodel staat buiten de scope van dit boek. Niet omdat het geen nuttige aanpak kan zijn, maar omdat het uiteindelijk toch op het leiderschapsmodel uit zal komen. Het succesvol veranderen van een organisatie lukt alleen door een gefocuste top-down-aanpak. Six Sigma is daarin niet uniek. Er zijn veel organisatieveranderingen die alleen slagen als ze top-down worden ingezet. Denk daarbij bijvoorbeeld aan strategiebepaling, overnames, reorganisaties, saneringsoperaties of cultuurverandering. Kortom, Six Sigma implementeren gaat alleen wanneer het management dit op een top-down-manier vanuit de lijnorganisatie aanstuurt.

Basisprocessen voor het implementeren van Six Sigma

De implementatie van Six Sigma kent vijf basisprocessen:

- selectie van verbeterprojecten
- uitvoering van verbeterprojecten en validatie van opbrengsten
- selectie van de medewerkers voor Six Sigma
- training van die medewerkers in Six Sigma
- borging van Six Sigma in de bestaande bedrijfsprocessen.

SELECTIEPROCES VOOR VERBETERPROJECTEN

Selecteren van verbeterprojecten is een essentieel onderdeel van Six Sigma. Hierbij worden prioriteiten toegekend en worden verbeteringen op bedrijfsdoelstellingen afgestemd. Als het goed is, wordt voor een groter aantal verbeterprojecten de Define-fase van DMAIC doorlopen dan er met de beschikbare mensen kan worden uitgevoerd. Er moet dus een selectie worden gemaakt tussen de verbeterprojecten die wel en niet worden gedaan. We maken daarbij onderscheid tussen twee soorten verbeterprojecten: Ten eerste, verbeterprojecten die een nieuw probleem oplossen of zich op een nieuw proces richten. Hiervoor wordt de DMAIC-cyclus volledig voor het eerst doorlopen en zijn er nog geen resultaten uit andere verbeterprojecten die de cyclus versnellen of vergemakkelijken. Ten tweede, verbeterprojecten die het succes van een verbeterproject in een andere omgeving proberen te herhalen in een nieuwe omgeving. Dit noemt men ook wel projectreplicatie. Replicatieprojecten zijn succesvol, omdat ze sneller en eenvoudiger tot succes en resultaat leiden. Succes is al aangetoond in het vorige verbeterproject, dus resultaten kunnen sneller beschikbaar komen. Binnen de Six Sigma-wereld noemt men dit repliceren ook wel: vertalen. Daarmee wordt bedoeld het vertalen van een werkende oplossing naar een nieuwe omgeving. De praktijk laat zien dat replicatieprojecten doorgaans twee tot drie keer zo snel verlopen als nieuwe verbeterprojecten en dus ook twee tot drie keer zo snel tot resultaat komen, en voor een kleinere investering. Je wilt dan ook in de praktijk zien dat ongeveer 75% van de verbeterprojecten replicaties zijn.

Financiële impact	Hoog (9)	Midden (3)	Laag (1)
	> 150.000 euro	100.000 – 150.000 euro	50.000 – 100.000 euro
Impact op klanttevredenheid	**Hoog (9)**	**Midden (3)**	**Laag (1)**
	klant heeft direct contact met het proces en de resulaten zijn zichtbaar	intern proces, resultaten niet direct zichtbaar voor de klant	niet essentieel voor klanttevredenheid
Doorlooptijd	**Kort (9)**	**Midden (3)**	**Lang (1)**
	< 4 maanden	4 tot 6 maanden	> 6 maanden
Mogelijkheden op replicatie	**Hoog (9)**	**Midden (3)**	**Laag (1)**
	kan op 5 of meer andere processen of locaties worden toegepast	kan op 1 tot 4 andere processen of locaties worden toegepast	kan maar op 1 proces
Complexiteit	**Laag (9)**	**Midden (3)**	**Hoog (1)**
	gemakkelijk (gegevens aanwezig)		zeer complex (gegevens ontbreken)

Figuur 7: Projectevaluatiematrix voor verbeterprojecten

Bovenstaande tabel helpt bij het selecteren van verbeterprojecten. Elk projectvoorstel krijgt daarbij een score van 1, 3 of 9 voor respectievelijk lage, gemiddelde of hoge impact. De vijf dimensies waarop gescoord wordt, zijn: financiële impact, impact op klanttevredenheid, doorlooptijd, mogelijkheden op replicatie en complexiteit. De scores worden opgeteld en de verbetervoorstellen kunnen gerangschikt worden. Grote voorkeur gaat dus uit naar eenvoudige verbeterprojecten met een korte doorlooptijd waardoor klanttevredenheid enorm stijgt en er ook nog eens veel geld wordt verdiend. Bovendien kan het verbeterproject ook daarna nog vaak herhaald worden op andere plaatsen in de organisatie. Bij projectselectie hoort tevens het bemensen van de verbeterprojecten. Dit houdt in dat een projectleider (Green Belt) het verbeterproject onder zijn hoede krijgt en dat deze zijn verbeterteam samenstelt. Ook krijgt het verbeterproject een champion (managementlid, bij voorkeur Green Belt) en coach (Black Belt) toegewezen.

UITVOERINGSPROCES VAN VERBETERPROJECTEN MET VALIDATIE VAN OPBRENGSTEN

Verbeterprojecten moeten net zo gemanaged worden als elk ander project. Essentiële verschillen zijn de vaste stappen volgens DMAIC en de expliciete gate-reviews die op vaste tijdstippen worden gehouden (vaste dag per maand). Tijdens een gate-review wordt formeel en aan de hand van strikte criteria, door de champion vastgesteld of het verbeterproject doorkan naar de volgende fase. Binnen het Six Sigma-programma wordt door de programmaleider (Master Black Belt) expliciet de voortgang gerapporteerd aan het management. Dat kan bijvoorbeeld door de bekende stoplichtoverzichten waarbij met de kleuren groen (loopt volgens plan), oranje (minder dan een week achterstand) of rood (twee weken of meer achterstand) bijgehouden wordt hoe de voortgang van de afzonderlijke verbeterprojecten verloopt. Gate-reviews worden bij voorkeur gehouden op de fysieke locatie waar het verbeterproject draait. Het is namelijk niet de bedoeling dat gate-reviews vergaderingen zijn. Een gate-review wordt niet gehouden om te praten, maar wordt gehouden om actie te kunnen ondernemen ter verbetering van het proces.

Het verdient aanbeveling de doorlooptijd van verbeterprojecten te begrenzen op zes maanden. Daarmee worden resultaten gerealiseerd in een periode die te overzien is en dwingt het tot focus. Als het dan niet lukt om het op tijd af te ronden, is de te nemen beslissing relatief eenvoudig: stoppen, scope aanpassen, of extra mensen toevoegen.

De samenstelling van een verbeterprojectteam hangt zeer sterk af van de omvang. Het verdient de voorkeur om verbeterprojecten door minimaal twee personen uit te laten voeren. Leereffecten zijn hierdoor groter en men stimuleert elkaar om snel tot resultaten te komen. Daarnaast moet gekeken worden naar de kennis en competenties van teamleden. Deze moeten elkaar zo goed mogelijk aanvullen en de benodigde vaardigheden afdekken.

In de praktijk is het bepalen van de opbrengsten van verbeterprojecten een onderbelicht aspect. Tegelijkertijd is het kwantificeren van opbrengsten in geld essentieel voor de continuïteit van Six Sigma. Als opbrengsten niet in de resultatenrekening of balans terechtkomen, voelt niemand dat het geld heeft opgeleverd. Daarom moet vroegtijdig en frequent aandacht gegeven worden aan het in geld uitdrukken van verwachte en werkelijke opbrengsten van verbeterprojecten. Het verdient de aanbeveling daarbij onderscheid te maken in opbrengsten in geld en opbrengsten in arbeidstijd. Beiden zijn weliswaar in geld uit te drukken, maar de één is een opbrengst in contanten en de andere niet. Salarissen worden toch wel betaald, dus een bespaard aantal dagen vind je niet terug op de balans. Deze opbrengsten zijn wel belangrijk en in geld uit te drukken.

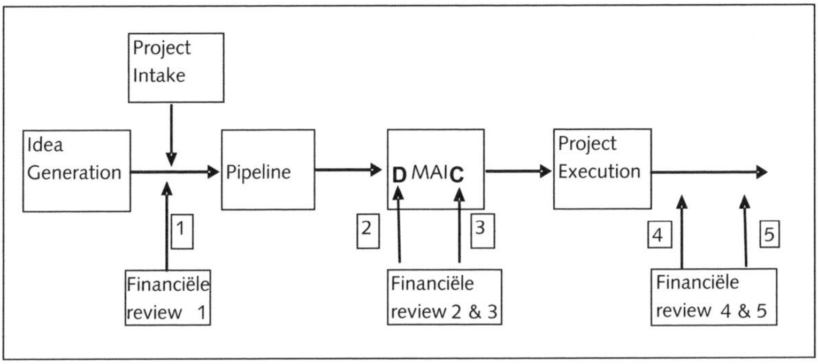

Figuur 8: Financiële reviews in verbeterprojecten

Typisch wordt in een verbeterproject op vijf momenten berekend wat de opbrengsten zijn. Dit zijn de financiële reviews, niet te verwarren met de gate-reviews die plaatsvinden na elke stap in de DMAIC-cyclus. Financiële reviews beginnen eerder omdat ze nodig zijn om verbeterprojecten te prioriteren en lopen langer door omdat ze effecten van verbeterprojecten monitoren:

- Financiële review 1 schat in op basis van het projectidee wat de mogelijke en reële opbrengsten kunnen zijn. Deze berekening kan meegenomen worden bij het prioriteren van projecten.
- Financiële review 2 bepaalt de doelstelling voor de opbrengsten en hoe deze opbrengsten achteraf gemeten gaan worden. Dit is een verfijning van geschatte opbrengsten op basis van de exacte doelstelling en scope van het verbeterproject.
- Financiële review 3 berekent op basis van feitelijke veranderingen en de daarbij aangetoonde opbrengsten wat de toekomstige opbrengsten worden.

- Financiële review 4 meet drie maanden na implementeren van de veranderingen wat er aan opbrengsten is gerealiseerd en signaleert afwijkingen, zodat eventueel kan worden bijgestuurd.
- Financiële review 5 meet nog eens drie tot zes maanden later of opbrengsten nog steeds conform verwachting zijn.

SELECTIE- EN ONDERHOUDSPROCES VAN DE SIX SIGMA-POPULATIE

Een Six Sigma-programma is een ingrijpende cultuuromslag. Om het goed te doen is het dan ook noodzakelijk dat de beste mensen op het Six Sigma-programma en de verbeterprojecten werken. Maar wie zijn dat: de beste mensen? Waar moeten deze mensen goed in zijn? Wat is hun benodigde kennis en wat zijn hun belangrijkste competenties?

Globaal gezien zijn medewerkers geschikt voor Six Sigma als ze moedig, vindingrijk en doelgericht zijn. De Yellow Belts zijn bij voorkeur de informele leiders in de desbetreffende groep medewerkers. Dat kan liggen aan persoonlijke eigenschappen maar ook aan kennis en ervaring. Voor Yellow Belts is het belangrijk dat ze sociaal gezien draagvlak hebben bij de andere medewerkers, zodat ze in staat zijn anderen te overtuigen van het nut van operationele verbeteringen. Voor Black Belts en Green Belts geldt dat ze statistisch geschoold zijn. Aangezien verbeterprojecten een sterke onderzoekscomponent hebben, kan het nuttig zijn (zeker voor de Black Belts) een academische opleiding als eis te stellen. Dit hangt echter af van de omgeving en de doelstellingen. Black Belts en Green Belts vullen hun rol op verschillende manieren in. De één legt bijvoorbeeld meer de nadruk op het statistische deel, een ander op het veranderkundige deel en een derde op het onderliggende proces. Het is zelden zo dat kandidaten uitmuntend zijn op alle onderdelen. Het kiezen van een brede mix is dus essentieel om aan te kunnen sluiten bij de verschillende onderdelen van projecten.

De eisen aan de medewerkers voor Six Sigma hangen sterk af van de verbeterdoelstellingen die je hebt en hoe je de verbeterprojecten inricht. De fundamentele keuze moet bijvoorbeeld gemaakt worden of verbeterprojecten uitgevoerd worden door mensen in hun eigen werkomgeving of juist in andere omgevingen. Voordeel in de eigen omgeving is uiteraard de beschikbare expertise en betrokkenheid. Nadeel is de beperkte focus en gebrek aan kruisbestuiving. Laat je echter verbeterprojecten in een andere omgeving uitvoeren, dan heb je een heel ander type persoon nodig. Door het ontbreken van detailkennis zijn persoonlijke competenties als overtuigen, daadkracht en leiderschap veel belangrijker.

Grofweg valt het volgende aan te bevelen: kies de Green Belts voor verbeterprojecten in hun eigen omgeving en kies de Black Belts voor verbeterprojecten in andere omgevingen. Dit past ook goed bij het leiderschapsmodel. Op termijn kunnen Green Belts met meer ervaring dan ook in andere omgevingen verbeterprojecten gaan leiden en indien succesvol wellicht doorgroeien tot Black Belt. De teamleden in verbeterprojecten (Yellow Belts) komen uit dezelfde omgeving als het verbeterproject. De Yellow Belts zijn diegenen die de verbetering gaan doorvoeren en borgen. Het definiëren van alle Belts is essentieel. Het moet voor de Six Sigma-populatie heel duidelijk zijn wat er van hen verwacht wordt. Anders staat er een elftal in het veld waarvan geen van de spelers precies weet wat ze moeten doen. Dan kun je nog zulke goede spelers hebben, toch staat er geen winnend team. De rol van een Master Black Belt is Six Sigma-programmaleider en interne Six Sigma-goeroe. De rol van een Black Belt is projectmanager van verbeterprojecten, projectauditor van door anderen geleide verbeterprojecten en interne coach/adviseur voor verbeterprojecten. De rol van een Green Belt is projectuitvoerder en leider van het verbeterteam. De rol van een Yellow Belt is lid van het verbeterteam.

Het kan daarnaast raadzaam zijn om binnen een Six Sigma-programma (een deel van) het zittende management te benoemen als Black Belt. Dit is geen ongebruikelijke aanpak bij Six Sigma-programma's in de praktijk. Dit is dan meestal wel een tijdelijke benoeming voor een jaar of twee. Men is er dan zeker van dat deze Black Belts zich zullen focussen op verbeterprojecten die zeer relevant zijn. Bovendien beschikken deze Black Belts over het algemeen over de nodige leiderschapsvaardigheden om verbeterprojecten succesvol te maken. Het is wel essentieel dat ze uit hun managementfunctie worden gehaald. Six Sigma doe je er niet even bij;

verbeteren is een dagtaak. Een Green Belt krijgt de mogelijkheid om minimaal vijfentwintig procent van zijn tijd te besteden aan verbeterprojecten.

De Six Sigma-populatie moet ook onderhouden worden. Als je dit geen bewust proces maakt, zie je in de praktijk dat na verloop van tijd onvoldoende capaciteit en competentie beschikbaar is om het programma door te laten lopen. Redenen hiervoor zijn bijvoorbeeld verloop van personeel, reorganisaties, prioriteiten in het reguliere werk, promoties, et cetera. Vandaar dat het een continu proces is om frequent te managen op het beheer van de Six Sigma-populatie. Daar waar tekorten te verwachten zijn, zal gestuurd worden op training. In principe moet altijd een planning beschikbaar zijn die uitgaat van een periode van een tot twee jaar, waarin de capaciteit van de Six Sigma-populatie en het bijbehorende trainingsplan zijn opgenomen. Een capaciteitsplanning voor Six Sigma is niet alleen essentieel om tekorten in capaciteit te overzien, maar ook om overschotten te voorkomen.

TRAININGSPROCES

Zonder training krijg je geen Six Sigma-organisatie. Six Sigma is vooral een managementfilosofie en daar moeten de mensen in een organisatie in getraind worden. De pijlers van Six Sigma moeten in ieders 'genen' terechtkomen. Bovendien is Six Sigma een gedetailleerde en uitgewerkte methode, dus die moet je nu eenmaal leren. Als medewerkers Six Sigma niet beheersen, slagen de verbeterprojecten ook niet. Bij Six Sigma horen namelijk specifieke termen en tools. Als medewerkers dergelijke specifieke zaken niet weten dan is het onmogelijk volgens Six Sigma te werken. Training heeft daarnaast als voordeel dat het motiveert. Als mensen iets leren, willen ze dat ook in de praktijk brengen. Met training haal je de angst voor het onbekende weg. Het voorkomt daardoor weerstand. Het werkt enthousiasmerend. Om een goede dekking over de organisatie te krijgen geldt als vuistregel dat 2% van de medewerkers in Six Sigma als Black Belt moet worden opgeleid en 10% als Green Belt. Met een dergelijke populatie wordt ervoor gezorgd dat er voldoende kritische massa aanwezig is om de organisatie gedurende een langere periode Six Sigma zelfstandig vast te laten houden.

Training bestaat altijd uit twee delen: de theoretische opleiding die wordt afgesloten met een examen en de praktische opleiding die wordt afgesloten met een succesvol verbeterproject. Om het verschil van de status van training aan te geven, ontvangen cursisten na beide onderdelen een diploma. Er wordt onderscheid gemaakt tussen zogeheten 'trained belts' die succesvol een training met examen hebben doorlopen en 'certified belts' die naast deze training ook een verbeterproject tot een goed einde hebben gebracht. De status van deze certificaten moet zorgvuldig worden bewaakt om inflatie te voorkomen. Zo is het raadzaam vaste afspraken te maken wanneer certificaten verjaren of ingetrokken worden. Als vuistregel geldt dat het praktische deel van de opleiding binnen een jaar wordt afgerond nadat het theoretische deel is afgerond. Anders vervalt het trainingsdiploma. Daarnaast geldt dat elke certified belt minimaal één verbeterproject per jaar uit moet voeren om voor verlenging van zijn certificaat in aanmerking te komen.

Het eerste verbeterproject is voor iedereen meestal het lastigst. Daarom lopen idealiter de theoretische opleiding en de praktische opleiding parallel. Het eerste verbeterproject voor een medewerker is dan een actief onderdeel van de theoretische training. Een Green Belt-training bijvoorbeeld heeft normaal gesproken een doorlooptijd van een half jaar met drie trainingssessies van een week. Het is essentieel om cursisten tussen deze sessies door aan een verbeterproject te laten werken en zodoende problemen tegen te laten komen die ze vervolgens in de eerstvolgende sessie kunnen bespreken. Als dit niet het geval is, blijken de trainingen veel minder effectief in de praktijk. Trainingen blijven dan theoretische exercities en cursisten zijn niet in staat om nu juist die vragen te stellen waar zij in de praktijkprojecten tegenaan lopen. Als voor een medewerker even geen relevant verbeterproject beschikbaar is, is het raadzaam om ook de theoretische training even uit te stellen.

'Om jouw werkdruk te verlagen laat ik je het komende half jaar opleiden tot Six Sigma Green Belt!'

Een deel van de Six Sigma-training kan ook door zelfstudie en e-learning plaatsvinden. Er zijn (zelfs in het Nederlands) e-learningcursussen beschikbaar voor Six Sigma, die ervoor zorgen dat cursisten goed voorbereid in trainingen arriveren. Daardoor worden opleidingstrajecten korter. Bovendien kunnen trainingsbijeenkomsten zich focussen op de praktijkervaringen en -problemen die cursisten tegenkomen.

Een bekende valkuil is vaak dat er meer mensen getraind worden voor Six Sigma dan er in verbeterprojecten kunnen meedoen. Te veel capaciteit is ook niet goed. Het werkt niet motiverend om mensen vaardigheden te leren die ze niet kunnen toepassen. Het is kapitaalverspilling om Green Belts en Black Belts te trainen en hen daarna te laten wachten op verbeterprojecten. Opgedane kennis en vaardigheden moeten meteen in praktijk worden gebracht.

BORGINGSPROCES VAN SIX SIGMA IN DE BESTAANDE BEDRIJFSPROCESSEN

Een essentieel onderdeel van Six Sigma is dat het niet iets aparts moet zijn. Het borgen van Six Sigma in de bestaande bedrijfsprocessen is dus een basisproces. Hierover staat meer in het hoofdstuk Changing systems and structures. Toch willen we hier twee zaken specifiek uitlichten: managementdevelopment en budgettering.

Managementdevelopment en Six Sigma gaan hand in hand. Ervaren Black Belts zijn in potentie de toekomstige directeuren van een organisatie. Voor medewerkers is het dus van belang Black Belt te worden om carrière te maken. Voor de organisatie is het van belang dat managers ook Black Belt zijn, want dat versterkt het leiderschapsmodel. De managementfilosofie achter Six Sigma gaat ervan uit dat Six Sigma onderdeel wordt van de 'genen' van een organisatie. Het management van een organisatie wordt daarom idealiter bezet uit de gelederen van ervaren Black en Green Belts.

Budgetteringsprocessen komen jaarlijks terug in organisaties. In deze processen worden (financiële) targets, doelstellingen en budgetten vastgesteld. De Six Sigma-leiders horen hier een belangrijke bijdrage aan te leveren. Ook besparing en optimalisatieverbeteringen zijn financieel en horen dus bij budgettering thuis. Replicatieprojecten kunnen bijvoorbeeld meegenomen worden in budgetten en targets.

WELKE ROL SPEELT DE TRAININGSORGANISATIE?

De trainingsorganisatie is een essentieel onderdeel van een Six Sigma-programma. Door middel van training zorg je ervoor dat de juiste mensen beschikken over: de benodige kennis, vaardigheden en houding. Aangezien mensen de smeerolie van een Six Sigma-organisatie zijn, is training dus weer de smeerolie van die smeerolie. Zonder training zal de gewenste cultuuromslag niet plaatsvinden. Vandaar ook dat het borgen van Six Sigma vraagt om de opzet van een trainingsorganisatie. Eén valkuil moet in de gaten gehouden worden en dat is dat trainingen geen doel op zichzelf zijn. Het trainen van Six Sigma is een bijdrage aan het Six Sigma-programma en dat is ook al geen doel op zichzelf. Training verdient prioriteit, maar nooit hoger dan de primaire processen.

'Het aantal Black Belts dat een organisatie nodig heeft, is sterk afhankelijk van de complexiteit en omvang van de organisatie. Wij kiezen ervoor om verbeteringen niet offline van een team te laten plaatsvinden. Met andere woorden: in alle productieteams zal er capaciteit beschikbaar moeten zijn om in lijn van Six Sigma verbeteringen te doen. Ondersteuning daarin komt dan van een Black Belt als facilitator. Wij hebben "process engineers" (PE) gekoppeld aan machineteams. Zo'n PE moet dan minimaal op het niveau van een Green Belt kunnen acteren. Hiermee worden machinegebonden verbeteringen (onder eigenaarschap van de teams) gedaan. We hebben zeventien PE's die allemaal opgeleid zijn (of worden) als Green Belt. We komen tot maximaal drie Black Belts voor ons bedrijf.'

Bron: Six Sigma Sponsor.

Een tweede rol voor de trainingsorganisatie is het zorgvuldig inplannen van de medewerkers die die verschillende trainingen volgen. Daarbij moet gekeken worden naar de behoefte aan getrainde medewerkers in de toekomst, met daarbij een profiel per medewerker voor het beoogde trainingsniveau. Daarnaast is het zaak er rekening mee te houden dat het trainen van een Green Belt of Black Belt niet alleen bestaat uit het volgen van trainingen, maar ook uit het uitvoeren van verbeterprojecten. Niets is frustrerender dan dat het succesvol doorlopen van een trainingsprogramma wordt gevolgd door een periode van wachten op een verbeterproject. Het is noodzakelijk het getrainde direct in de praktijk te kunnen brengen. Daarom moeten ook de verbeterprojecten worden afgestemd op de trainingsplanning.

'We gaan zeker niet zomaar iedereen trainen, een Green Belt wordt aan de hand van zijn ontwikkeling genomineerd en gecertificeerd. Een Green Belt die geen verbeterprojecten uitvoert, gaat uit het programma. Een succesvolle Green Belt wordt Black Belt en goede Black Belts stromen door naar het management. Wij hanteren de principes: in-and-out en up-or-out. Dat wil zeggen: een Black Belt wordt benoemd voor een vast aantal jaren (meestal een periode van twee jaar) en moet daarna de lijn weer in (in-and-out). Bovendien is het een onderdeel van het managementdevelopmentprogramma, dus na een periode als Black Belt moet je het

management in of afvloeien (up-or-out). Hiermee zorgen we ervoor dat we enerzijds managers aanstellen die een gedegen Six Sigma-opleiding hebben en goed in een dergelijke changemanagementrol hebben gefunctioneerd en anderzijds is het een uitstekend testtraject om te kijken of onze high-potentials "blijven drijven". Lukt het hun niet om verbeterprojecten tot een goed einde te brengen, dan zullen ze ook als manager niet slagen.'

Bron: Six Sigma Sponsor.

Opstart versus beheer van de basisprocessen

De basisprocessen komen terug in elke Six Sigma-organisatie. Deze processen blijven steeds doorlopen. Wel is het zo dat ze de eerste keer (opstart) wat extra aandacht verdienen. Een trainingsprogramma vraagt de eerste keer in een organisatie om een aanzienlijk grotere investering. Het gaat namelijk om een veel grotere groep mensen die getraind moet worden.

De eerste Six Sigma-verbeterprojecten zijn extra belangrijk; ze hebben een voorbeeldfunctie. Het is veel sterker om de invoering van Six Sigma te motiveren aan de hand van eigen successen dan aan de hand van successen uit een ander bedrijf. De eerste verbeterprojecten mogen alleen mislukken als er werkelijk alles voor is gedaan. Kies de beste mensen voor deze projecten en laat hen de projecten leiden. Neem het grootste probleem dat binnen zes maanden kan worden opgelost als eerste project. Voer bijvoorbeeld het eerste project uit op de grootste productielijn. Zorg ervoor dat het in potentie veel pijn doet als het misgaat. Dan is de kans groter dat er alles aan gedaan wordt om het te laten slagen. Sterker nog, als een verbeterproject geen pijn doet als het misgaat, heeft het ook maar beperkte impact als het wel goed gaat. Het project is dan naar alle waarschijnlijkheid gewoon niet relevant.

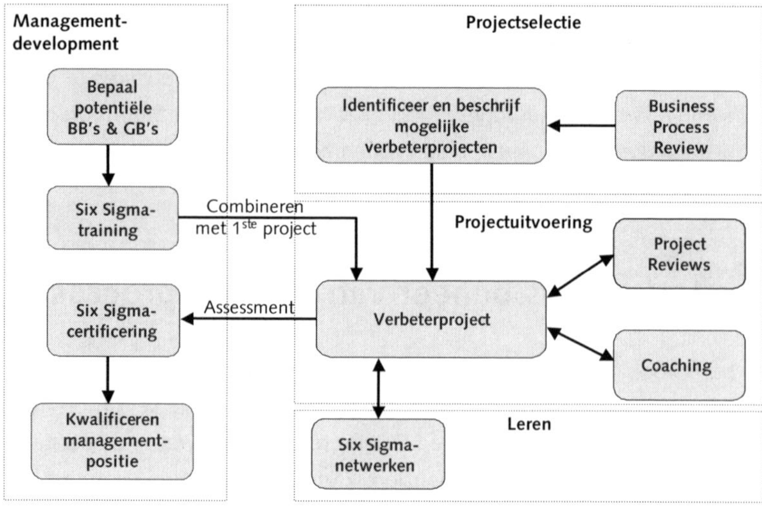

Figuur 9: Organiseren van de basisprocessen

Het is een bekende valkuil om deze eerste verbeterprojecten te gemakkelijk te kiezen. Het komt in de praktijk regelmatig voor dat verbeterprojecten geselecteerd worden die niet tot succes leiden of die eigenlijk helemaal niet geschikt zijn als verbeterproject. Het ergste is, als je eerst met een hoop aandacht een aantal verbeterprojecten selecteert en opstart, en ze vervolgens ook nog moet stoppen omdat ze niet succesvol zijn. De kans is groot dat daarmee het verkeerde signaal rond Six Sigma wordt gegeven en het kind met het badwater wordt weggegooid. Voor de eerste verbeterprojecten in een Six Sigma-programma geldt dan ook dat het succes ervan gepland moet worden. Een voorwaarde voor succes is bijvoorbeeld meetbaarheid. Eerste verbeterprojecten moeten kunnen beschikken over valide data.

Bij voorkeur wordt een eerste verbeterproject toegepast op een stabiel proces dat niet onderhevig is aan veranderingen. Bovendien is het raadzaam een eerste verbeterproject uit te voeren in een omgeving die niet midden in een reorganisatie zit. De eerste verbeterprojecten moeten een succes worden, dus kies verbeterprojecten waarvoor je gemakkelijk commitment van het management (champion) krijgt. Bijvoorbeeld verbeterprojecten met hoge potentiële winsten en korte doorlooptijden, die een zeer ernstig probleem oplossen. Eerste verbeterprojecten lopen in de praktijk regelmatig vast. Dit komt vooral door de onbekendheid met Six Sigma en de onbekendheid met de beschikbare tools van Six Sigma. Het is raadzaam dat ervaren Black Belts continu support geven aan diegenen die de eerste verbeterprojecten op zich nemen. Black Belts leiden deze projecten niet, maar zijn wel altijd beschikbaar om te voorkomen dat verbeterprojecten stilvallen door het gebrek aan kennis of ervaring.

Positief communiceren van resultaten

'We hebben de torenhoge opbrengsten van de Six Sigma-verbeterprojecten tijdelijk voor onbepaalde tijd uitgesteld ...'

Zoals bij elk veranderingstraject in organisaties is het promoten van Six Sigma een belangrijke voorwaarde voor succes. Het geeft het management de kans om expliciet te bespreken wat het belang van Six Sigma is. Het management moet daarvoor wel getraind worden, want het moet weten wat Six Sigma is. Het management moet Six Sigma kunnen verdedigen en motiveren richting medewerkers. Het is haast onmogelijk iets te verkopen waarvan je niet precies weet wat het is. Daarom is basiskennis van Six Sigma ook voor management onontbeerlijk. Het is in de praktijk gebruikelijk dat ze getraind worden als Green Belt. Het grote voordeel hiervan is dat het management zelf ervaring heeft in het leiden van verbeterprojecten en daardoor de rol als sponsor of champion beter kan vervullen.

De businesscase voor Six Sigma

De businesscase voor Six Sigma is altijd organisatiespecifiek. Zoals elke businesscase hangt deze sterk af van de organisatie, omvang, markt, prestaties en verbetermogelijkheden en -doelstellingen. Een generieke businesscase voor Six Sigma geven is dus (helaas) niet mogelijk. Een generiek proces met sjabloon voor kosten- en opbrengstenschattingen gelukkig wel. Ervaringscijfers van andere bedrijven helpen daarbij.

De opstartfase van Six Sigma duurt doorgaans een jaar. Daarna kan Six Sigma zichzelf al terugverdienen. Het duurt in de praktijk gemiddeld zo'n drie tot vijf jaar voordat een hele organisatie volgens Six Sigma werkt. De belangrijkste investering ligt in het eerste jaar (training en support) en deze wordt doorgaans niet in het eerste jaar volledig terugverdiend. Het eerste jaar moet er geld bij of draait een organisatie quitte. Het tweede jaar zijn de opbrengsten minimaal het dubbele van de kosten (ROI van 2). Het duurt daarna gemiddeld drie tot vijf jaar voordat een Six Sigma volledig draait. Als dat zo is, zie je dat grofweg op jaarbasis 1 tot 2% van de totale kosten kan worden verdiend (jaarlijkse ROI van 5). Deze opbrengsten bestaan niet alleen uit besparingen. Opbrengsten komen ook uit productiviteitsgroei, reductie van geïnvesteerd vermogen, verbeterde kasstromen, en dergelijke. Opbrengsten grijpen terug op de verbeterdoelstelling die gekozen is.

Het aantal mensen dat in de Six Sigma-populatie moet zitten hangt sterk af van de doelstellingen die aan Six Sigma hangen. De praktijk laat zien dat organisaties die Six Sigma rigoureus invoeren om de volledige bedrijfsvoering aan te pakken, hun Six Sigma-populatie kunnen berekenen. Als vuistregel geldt dat van iedere tien medewerkers er minimaal drie Yellow Belt moeten zijn en één Green Belt. Dat lijkt veel, maar het gaat hier niet om fulltime functies. Daarnaast geldt dat verbetering van de eigen processen een primaire taak van iedereen moet zijn, dus dan valt dit eigenlijk nog wel mee.

Een Black Belt begeleidt in de praktijk zo'n vijf Green Belts, en een Master Black Belt begeleidt doorgaans tussen de vijf en de tien Black Belts. In een organisatie van ongeveer duizend medewerkers zijn er dus driehonderd Yellow Belts, honderd Green Belts, twintig Black Belts en drie Master Black Belts nodig. Hieruit blijkt maar weer dat Six Sigma niet op hele korte termijn ingevoerd kan worden. Dit zijn uiteraard niet allemaal fulltime functies. In de praktijk spendeert een Yellow Belt een halve dag per week aan verbeterprojecten en een Green Belt één tot twee dagen per week. Black Belts zijn minimaal voor de helft van hun tijd beschikbaar voor verbeterprojecten. In de praktijk blijkt dat het toch handig is om een aantal Black Belts fulltime vrij te maken voor Six Sigma. Master Black Belts hebben eveneens minimaal de helft van hun tijd nodig.

'Nu we iedereen hebben opgeleid tot Yellow, Green en Black Belt, weet er nog iemand wat we ook alweer deden in dit bedrijf?'

Conclusie

Een Six Sigma-programma succesvol organiseren gaat alleen wanneer het hoogste management Six Sigma op een top-downmanier in een organisatie implementeert. Six Sigma kent een vijftal basisprocessen:

- Selectie van Six Sigma-verbeterprojecten.
- Selectie van de medewerkers voor Six Sigma.
- Training van die medewerkers in Six Sigma.
- Projectuitvoering en validatie van opbrengsten.
- Borging in de bestaande bedrijfsprocessen.

Bovendien dient Six Sigma zodanig georganiseerd te worden dat het programma de hoogste rendementen heeft voor de organisatie en dat opbrengsten daar liggen waar ze het meest nodig zijn. Als een investering (dus ook Six Sigma) onvoldoende oplevert, moet je het stoppen.

Checklist

KRITISCHE SUCCESFACTOREN

Zorg ervoor dat:

- alle leden van het management champion zijn van verbeterprojecten.
- een Six Sigma-programma vanuit het management wordt geleid.
- minimaal 10% van de medewerkers in Six Sigma is getraind.
- Black Belts minimaal 50% van hun tijd aan Six Sigma kunnen besteden.
- Green Belts minimaal 25% van hun tijd aan Six Sigma kunnen besteden.
- de certificaten van Green Belts en Black Belts echt iets voorstellen. Wees bereid om mensen te laten zakken of hun certificaat in te nemen.
- cursisten aan Six Sigma-trainingen in diezelfde periode ook op een verbeterproject werken.
- alle gecertificeerde Green Belts en Black Belts minimaal één verbeterproject per jaar leiden en afronden.
- het management in Six Sigma is getraind alvorens het programma breeduit gepromoot wordt in de organisatie.
- verbeterprojecten geselecteerd worden op: financieel resultaat, klanttevredenheid, kans op replicatie, complexiteit en doorlooptijd.
- de eerste verbeterprojecten fulltime kunnen beschikken over support van Black Belts om onnodig stilvallen te voorkomen.
- nieuwe Green Belts en Black Belts goed en regelmatig gecoacht worden door ervaren collega's tijdens hun eerste verbeterprojecten.
- opbrengsten uit verbeterprojecten in geld worden uitgedrukt en dat op vaste punten deze financiën worden vastgesteld en gereviewd.
- er een capaciteitsplan is voor de Six Sigma-populatie met een scope van één tot twee jaar.
- het managementdevelopmentproces eisen kent voor Six Sigma.
- eerst een paar verbeterprojecten succesvol zijn afgerond voordat Six Sigma breeduit gepromoot wordt in de organisatie.

VALKUILEN EN POTENTIËLE FOUTEN

Pas ervoor op om:

- Six Sigma volledig met (interne) experts te implementeren, omdat dit nooit tot een succesvolle Six Sigma-organisatie leidt.
- een Six Sigma-programma uit te voeren terwijl leiderschap bij het management ontbreekt.
- de eerste paar verbeterprojecten in een Six Sigma-programma te gemakkelijk te kiezen. Deze moeten namelijk als uithangbord dienen.
- meer medewerkers op te leiden in Six Sigma dan er in verbeterprojecten kunnen werken.

AANBEVELINGEN

Probeer:

- een deel van het management vrij te maken om gedurende een aantal jaar Six Sigma in de organisatie te implementeren en direct leiding te geven aan verbeterprojecten (deployment champions).
- Green Belts te selecteren uit de omgeving waar verbeterprojecten worden uitgevoerd.
- Black Belts te selecteren op hun leiderschapskwaliteiten en hun competenties om veranderingen teweeg te brengen.
- de Six Sigma-populatie zodanig op te bouwen dat op elke tien medewerkers er drie Yellow Belts en één Green Belt zijn.
- de Six Sigma-populatie zodanig op te bouwen dat er één Black Belt op vijf Green Belts is en één Master Black Belt op elke vijf tot tien Black Belts.
- een aantal Black Belts fulltime vrij te maken voor Six Sigma. Dit geldt zeker voor de beginfase van een Six Sigma-programma.
- cursisten van Six Sigma-programma's met zelfstudie en/of e-learningtools voorbereid aan trainingen te laten beginnen.

NAWOORD: HOE IS DIT BOEK TOT STAND GEKOMEN?

Wat is de relatie tussen rioolbuizen, incontinentiemateriaal, vliegtuigen, scheerapparaten, aardappels, olie, gas en het Emmer hunebed?

Dit boek is op een vrij unieke manier tot stand gekomen. Op initiatief van het lectoraat Quality Management en Quality Engineering van de Hogeschool Drenthe in Emmen is een aantal Six Sigma-experts uit de industrie van Noord-Nederland bij elkaar gekomen. Gezamenlijk kwamen we tot de constatering dat echte operationele praktijkervaringen met Six Sigma niet of nauwelijks beschikbaar waren en dat ieder lid van de werkgroep behoefte had om van de ervaringen en fouten van de andere leden te leren. Al snel kwamen we dan ook tot de conclusie dat we die ervaringen wilden uitwisselen en vastleggen. Met dat doel zijn we een werkgroep begonnen. Dit boek is het resultaat van die werkgroep. Daarmee is het ook een goed voorbeeld van lectoraal onderzoek: met, voor en door de praktijk. Lectoraal onderzoek richt zich op het vastleggen van kennis en ervaring in één omgeving om deze door te geven aan en toe te passen in andere omgevingen. Deze focus op praktijktoepassing is kenmerkend voor onderzoek in lectoraten en maakt kenniscirculatie heel expliciet.

Onze Six Sigma-werkgroep onderscheidt zich nogal van andere werkgroepen, doordat we een aantal bijzondere afspraken hebben gemaakt. De werkgroep zou na een jaar stoppen wanneer de praktijklessen van de deelnemers waren vastgelegd. Succes was daarmee gegarandeerd, immers, stoppen werd het einddoel. Alle leden van de werkgroep zouden aanwezig zijn op alle bijeenkomsten van de werkgroep (vijf middagen per jaar). Uit de werkgroep stappen was toegestaan, maar dan alleen na afloop van een bijeenkomst. Afzeggen tussen bijeenkomsten door was niet toegestaan en daar heeft iedereen zich aan gehouden. Elke bijeenkomst werd afgesloten met een evaluatieronde, waarbij iedereen uitsprak om een volgende keer wel of niet te komen. Het beoogde eindproduct van de werkgroep was een 'boekje' (in welke vorm dan ook) met ervaringen en aanbevelingen voor het borgen van Six Sigma in de praktijk. In het kader van 'eat your own medicine' zou de werkgroep zelf ook Six Sigma gebruiken voor het maken van het boek. Met dank aan Gert Boven hebben we met behulp van DFSS (Design for Six Sigma) via zes fasen met zes tollgates het boek samengesteld.

Via een aantal bijeenkomsten, huiswerk, e-mailverkeer, drafthoofdstukken schrijven, pleegvaderschap per hoofdstuk, interviews, case-uitwerking, checklistabstractie, reviewronden en uiteindelijke afrondingsworkshop, is dit boek tot stand gekomen. Dankzij de DFSS-cyclus van Six Sigma is dit boek het resultaat van teamwerk. De ambitie is gedurende de totstandkoming aanmerkelijk gestegen. In eerste instantie was het 'boekje' meer een soort van virtueel concept, maar, al naar gelang de voortgang verliep, stegen de eisen en steeg ook de kwaliteit van het materiaal.

Het feit dat de werkgroep zou stoppen, de (morele) verplichting aanwezig te zijn en het gebruik van DFSS zijn de belangrijkste factoren voor het succes. Zeker het gebruik van DFSS heeft ervoor gezorgd dat we als werkgroep eerst uitgebreid over het eindresultaat spraken. Bepalen van CTQ's en QFD, afbakenen van de doelgroep zorgde ervoor dat er weliswaar laat met het échte schrijven werd begonnen, maar er wel heel duidelijk was wat er geschreven moest worden. De leden van de werkgroep kijken met plezier terug op dit proces en heffen de werkgroep dan ook officieel op.

DANKWOORD

De leden van de werkgroep willen hun dank uitspreken aan:
Piet van Abeelen van RNG Global Consultants voor zijn reviewcommentaar op een tweede versie van dit manuscript, zijn inspirerende ervaringen tijdens de bijeenkomst in Wolvega en natuurlijk voor zijn complimenten in het voorwoord. Klaas Boschma van Philips DAP voor zijn reviewcommentaar. Gert Boven van General Electric Plastics voor zijn inbreng in het werkproces. Jan Jaap Cannegieter van Sysqa voor zijn reviewinspanningen en commentaar. Paul Chun van KLM voor zijn reviewcommentaar op een tweede versie van dit manuscript. André Fokt van Dyka voor zijn Six Sigma-praktijkvoorbeelden. Janny Grevelink van de Hogeschool Drenthe (locatie Assen) voor haar uitstekende service, soep en broodjes. Auke Herrema voor zijn relativerende en inspirerende cartoons. Irene Landa van de Hogeschool Drenthe (locatie Emmen) voor het plannen en monitoren van de logistieke randvoorwaarden. Arie Lodder van LogicaCMG voor zijn reviewinspanningen en commentaar. Sanne Lodder voor het redigeren van een eerste versie van het manuscript en verwijderen van alle spelfauten. Arend Oosterhoorn voor zijn gedetailleerde review en verbetervoorstellen op het manuscript. Jacob Otten van Dyka voor zijn Six Sigma-ervaringen en -valkuilen. Henk Smid van AVEBE voor zijn reviewcommentaar. Hans Telgen van Dyka voor zijn Six Sigma-leiderschapsvisie en -ervaringen.

Daarnaast willen we Ellen van der Hart, Hendrine van der Donk en Hanny Vernooy van harte bedanken voor alle ondersteuning tijdens het uitgaveproces van dit boek. Bovendien willen we Ben Oosterhuis, Niels van Es en alle sprekers bedanken voor hun bijdragen aan het lanceringsymposium op 29 maart 2007.

OVER DE AUTEURS

Rini van Solingen

Dr.ir. Rini van Solingen is sinds 2003 als lector quality management en quality engineering verbonden aan de Hogeschool Drenthe. Daarnaast werkt Rini als principal consultant bij LogicaCMG. Hij is in 1995 afgestudeerd in de technische informatica aan de TU Delft. Aansluitend is hij in 2000 gepromoveerd in de technische bedrijfskunde aan de TU Eindhoven. Parallel aan zijn promotie was hij in deeltijd werkzaam als senior quality engineer op de R&D-afdeling van Schlumberger RPS/Tokheim. Na zijn promotie is hij afdelingshoofd geweest aan het Fraunhofer Instituut voor Software Engineering (IESE) in Kaiserslautern.

Rini is te bereiken via: solingen.r.van@hsdrenthe.nl of rini@vansolingen.nl.

Anne Draisma

Ing. Anne Draisma is sinds mei 2003 fulltime werkzaam in de functie van Black Belt bij Dyka b.v. te Steenwijk. In deze functie is hij in de breedste zin betrokken bij de implementatie van Six Sigma binnen de organisatie. Hiervoor was hij als Process Engineer bij Dyka aangesteld met als aandachtsgebied het spuitgietproces. Hij is na een studie Levensmiddelentechnologie in januari 2000 afgestudeerd aan de Noordelijke Hogeschool Leeuwarden, richting Chemische Technologie. Hierna is hij werkzaam geweest in de procesautomatisering als Application Engineer en heeft in de rol van Commissioning Engineer een jaar gewerkt voor Stork GLT te Hoogezand, waarbij hij betrokken was bij de opbouw van nieuwe gaswin-clusters.

Arthur Hartong

Ing. Arthur Hartong is sinds 1985 werkzaam binnen de olie- en gas industrie in Europa. Na een periode bij Halliburton is hij sinds 1992 werkzaam voor de Nederlandse Aardolie Maatschappij B.V., een door Shell beheerde joint venture van Shell en ExxonMobil. Eind 2003 is hij als een van de eersten binnen Shell Europa opgeleid tot Black Belt. Na twee jaar fulltime als Black Belt te hebben gewerkt is hij nu terug naar de lijn als Operations Manager.

Paul Horstink

Ir. ing. Paul Horstink is op dit moment Vice President Maintenance and Engineering bij Martinair en is bezig met een verandertraject waarbij diverse elementen van Six Sigma gebruikt worden. Tijdens zijn carrière bij de Technische Dienst van de KLM heeft hij twee jaar als Black Belt (getraind door GE) diverse succesvolle verbeterprojecten geïmplementeerd. Deze ervaring heeft hem ook bij Stork Fokker erg geholpen om een verander- en herstructureringstraject door te voeren in de Business Unit Special Products. Paul heeft als achtergrond een opleiding technische bedrijfskunde aan de TU in Eindhoven, alsmede een HTS-vliegtuigbouwkunde-opleiding.

Freddie Ovinge

Freddie Ovinge is als QESH-manager (Quality, Environment, Safety and Health manager) werkzaam bij SCA Personal Care in Hoogezand en in die functie verantwoordelijk voor het met behulp van Six Sigma opbouwen van een lerende organisatie.

Michiel Puttman

Dr. ir. Michiel Puttman is sinds augustus 2005 Directeur Six Sigma bij AVEBE en vanaf april 2006 tevens Concern Directeur Technologie. Daarnaast is Michiel als statutair directeur verantwoordelijk voor de opstart van Solanic bv, een 100% dochteronderneming van AVEBE. Vanaf 1999 was Michiel verantwoordelijk voor de wereldwijde implementatie van SAP binnen AVEBE en aansluitend Directeur ICT. Michiel is afgestuurd aan de Technische Universiteit Twente als Chemisch Technoloog en gepromoveerd in 1992 op het onderwerp Logistiek in de Procesindustrie.

Jelle Sytsma

Ing. Jelle Sytsma vervult sinds 1985 diverse functies bij Philips op het gebied van software-ontwikkeling, procesbeheersing en kwaliteitsmanagement. Hij studeerde elektrotechniek in Leeuwarden. Tegenwoordig is hij als Green Belt Program Manager betrokken bij de invoering van Six Sigma bij Philips in Drachten.

Werner Timans

Ir. Werner Timans is werkzaam op de Hogeschool Drenthe. Aan deze instelling heeft hij verschillende functies vervuld: docent (meettechniek, statistiek, kwaliteitsmanagement en reliability engineering), ontwikkelaar en docent van de post-HBO-cursus Quality Engineering, manager van het Kenniscentrum Drenthe en de contractactiviteiten van de sectoren Techniek en Economie, hoofd van de opleiding Werktuigbouwkunde en lid van de kenniskring van het lectoraat QMQE. Hij heeft aan de RUG experimentele natuurkunde gestudeerd. Werner is tevens directeur/eigenaar van het bureau QuStat Quality Engineering. QuStat QE ondersteunt industriële bedrijven bij het invoeren van op variatiereductie gerichte technieken.

Johan Vaartjes

Drs. Johan Vaartjes werkt sinds 1998 bij Shell en is sinds 2004 werkzaam als Black Belt voor de Nederlandse Aardolie Maatschappij B.V. – een door Shell beheerde joint venture van Shell en ExxonMobil – en werkt van daaruit voor de organisatie van Shell exploratie- en productiebedrijven in Europa, waarvan de NAM deel uitmaakt. Hij is in 1997 afgestudeerd in de bedrijfseconomie aan de Universiteit Maastricht, met als specialisatie marketing en organisatiekunde.

BIJLAGE 1 LIJST VAN TERMEN

Benchmarking	Meting waarbij prestaties van een product, dienst of organisatie gepositioneerd worden ten opzichte van andere organisaties.
Black Belt	Six Sigma-rol voor verbeterprojectmanager en interne coach/adviseur. Een Black Belt voert op basis van leiderschap en verantwoordelijkheid Six Sigma-projecten uit in een organisatie.
Blauw geld	Synoniem voor arbeidstijd. Dit in tegenstelling tot groen geld, dat synoniem is voor cash geld. Een besparing van € 100.000,– in blauw geld is een besparing van een hoeveelheid werk die anders een ton zou hebben gekost. Dit geld is echter niet als cash voorhanden omdat medewerkers nog steeds op de loonlijst blijven staan.
Burning platform	Uitdrukking die aangeeft dat er een noodzaak voor verbetering aanwezig is die door betrokkenen wordt gedeeld en waarvoor iedereen bereid is zich volledig in te zetten. Symbolisch voor de olie-industrie: als een boorplatform in brand staat, gaat iedereen met volle overgave blussen.
CAP	Change Acceleration Process. Het centrale model van dit boek. CAP is een veranderingsmodel dat de cruciale aandachtsvelden voor verandering beschrijft en met elkaar verbindt. CAP bevat zeven aandachtspunten: Leading change, Creating a shared need, Shaping a vision, Mobilizing commitment, Making change last, Monitoring progress, en Changing systems and structures.

Champion Centrale rol in een Six Sigma-invoering. Een champion is ervoor verantwoordelijk dat bedrijfsprocessen worden verbeterd en dat aan de randvoorwaarden is voldaan om Six Sigma-verbeterprojecten succesvol uit te kunnen voeren.

CTQ's Critical to Quality. De belangrijkste meetbare kenmerken van een product, dienst of proces die binnen de normen moeten liggen om klanten tevreden te krijgen. CTQ's zijn wat de klant verwacht en wat tot ontevredenheid leidt als hier niet aan wordt voldaan.

Cockpit Managementinstrument dat een actueel overzicht biedt van de belangrijkste prestatie-indicatoren (zowel grafisch als cijfermatig) en daardoor de mogelijkheid biedt om de prestaties van de organisatie te sturen.

Dashboard Zie cockpit.

DFSS Ontwerpbenadering die erop is gericht om Six Sigma-prestaties al vanuit de ontwerpfasen voor een product, proces of dienst op te bouwen. Bij DFSS wordt opnieuw begonnen en begint men dus zonder startproduct, -proces of -dienst.

DMAIC Verbetercyclus van Six Sigma, die een verbeterproject opdeelt in vijf fasen: Define opportunity, Measure performance, Analyze opportunity, Improve performance, and Control performance. DMAIC wordt toegepast op een reeds bestaand product, proces of dienst, dit in tegenstelling tot DFSS.

DOE Design of Experiments. Een gestructureerde methode om de statistische relatie te bepalen tussen procesparameters en resultaatparameters. DOE brengt de functie in kaart voor $f(x) = y$ en doet dit met behulp van procesmetingen en resultaatmetingen.

Elevator speech Korte monoloog van vijftien tot dertig seconden waarin een plan, doel of boodschap zeer kort wordt samengevat. Bijvoorbeeld om de visie voor een organisatie mee te communiceren.

Expertmodel Implementatiestrategie/aanpak voor het invoeren van Six Sigma die gebaseerd is op het inzetten van een beperkt aantal experts dat op basis van persoonlijke drive en initiatief, verbeterprojecten moet uitvoeren in de organisatie. Het expertmodel werkt stapsgewijs via verbeterprojecten toe naar een positief imago op basis waarvan Six Sigma bottom-up het bedrijf in wordt gebracht en uiteindelijk wordt verkocht aan het management.

Financiële reviews Activiteit waarop op een onderbouwde wijze in kaart wordt gebracht wat de kosten en opbrengsten van een verbeterproject zijn. De mate van detail en validering van deze review is afhankelijk van de fase waarin dit project zich bevindt.

Gate-review Activiteit waarbij de resultaten van een verbeterstap in de DMAIC-cyclus van een verbeterproject wordt beoordeeld en formeel wordt goedgekeurd. Tijdens een dergelijke review worden de producten en bevindingen getoetst aan de criteria van die fase en al dan niet goedgekeurd. In deze review beslist de projectsponsor over het vervolg van het project.

Green Belt Six Sigma-rol voor projectuitvoerder en teamleider van het verbeterteam. Een Green Belt heeft inhoudelijke kennis van de organisatiespecifieke processen die verbeterd moeten worden.

Groen geld Dit is een synoniem voor cash geld. Blauw geld is een synoniem voor arbeidstijd. Besparingen in groen geld zijn besparingen die harde valuta (cash) opleveren.

KPI Key Performance Indicator. Meetbare indicator die de allerbelangrijkste resultaatcriteria van een organisatie of organisatieonderdeel weergeeft. Voorbeelden zijn winst, klanttevredenheid, uitvalspercentage, verloop, beurskoers, et cetera.

Lean Managementfilosofie die gebaseerd is op het reduceren van 'afval' (waste). Door het terugbrengen van afval wordt kwaliteit verbeterd, doorlooptijd verkort en kosten gereduceerd. Lean wordt vaak gepositioneerd als 'alternatief' voor Six Sigma.

Lean Six Sigma Managementfilosofie die de focus van Six Sigma (variatiereductie) en Lean (afvalreductie) integreert.

Leiderschap Vaardigheid van een individu om de energie en motivatie van (een groep) mensen in een organisatie gericht toe te laten werken naar een gemeenschappelijk doel. Onafhankelijk van aan welke activiteit leiding wordt gegeven, gaat het altijd om doelbewust, doelgericht en doelmatig handelen.

Leiderschapsmodel Implementatiestrategie/aanpak voor het invoeren van Six Sigma die zich kenmerkt door commitment en betrokkenheid van het hoogste management in een organisatie. Het management legt Six Sigma op aan de organisatie en Six Sigma is daardoor ook expliciet terug te vinden in het beleid, de bedrijfsstrategie, de managementstructuren, het managementdevelopmenttraject, et cetera.

Master Black Belt Six Sigma-rol voor de Six Sigma-programmaleider en interne Six Sigma-goeroe.

Procesmetingen Metingen van de beïnvloedbare parameters in een proces waarvan bekend is of vermoed wordt dat ze direct gerelateerd zijn aan de resultaten van dat proces. In de formule f (x) = y zijn dat de x-en.

Projectevaluatiematrix Hulpmiddel om prioriteit toe te kennen aan de mogelijke verbeterprojecten. Mogelijke dimensies waarop gescoord kunnen worden zijn: financiële impact, impact op klanttevredenheid, doorlooptijd, mogelijkheden op replicatie en complexiteit van het verbeterproject. Grote voorkeur gaat dus uit naar eenvoudige herhaalbare verbeterprojecten met een korte doorlooptijd, waardoor klanttevredenheid enorm stijgt en er ook nog eens veel geld wordt verdiend.

Projectreplicatie Streven om het succes van een verbeterproject in één omgeving proberen te herhalen in een nieuwe omgeving. Replicatieprojecten zijn in het bijzonder succesvol doordat ze sneller en eenvoudiger tot succes en resultaat kunnen leiden.

Projectselectie Proces waarbij prioriteiten worden toegekend aan de set van mogelijke verbeterprojecten met als doel het komen tot een keuze voor de uit te voeren projecten.

Resultaatmetingen Metingen van de resultaatparameters van een proces. In de formule f (x) = y zijn dat de metingen van de y-en.

Return On Investment Metriek die gebruikt wordt om aan te geven in welke mate een investering zichzelf terugverdient. ROI is het verschil tussen opbrengsten en kosten, gedeeld door die kosten.

Shared opportunity Uitdrukking die aangeeft dat een opportunistische mogelijkheid aanwezig is die door een groep mensen erkend en opgepakt wordt.

Six Sigma Uitgevonden door Motorola in 1986 als een metriek voor het meten van fouten om te komen tot kwaliteitsverbetering. Six Sigma wordt momenteel vooral gezien als een verbeterstrategie die tot doel heeft het bedrijfsresultaat van een organisatie te verhogen door zeer nauwkeurig aan klantverwachtingen te voldoen. Dit lukt doordat in verbeterprojecten fouten en variatie in processen structureel worden geminimaliseerd.

Six Sigma-organisatie Organisatie waarin de meerderheid van de medewerkers gedrag vertoont dat is gericht op het continu verbeteren van de bedrijfsprestaties (geen genoegen nemen met de status-quo). In een Six Sigma-organisatie is iedereen continu bezig de kwaliteit van de producten, van processen en van zichzelf structureel te verbeteren.

Six Sigma-programma Set van activiteiten, visie en strategie die in een organisatie wordt gebruikt om doelgericht Six Sigma in te voeren en die uiteindelijk resulteert in een Six Sigma-organisatie.

SPAN Metriek voor variatie, waarbij het verschil wordt berekend tussen de 5% extreme maximum- en minimumwaarden.

Sponsor Lid van het management dat prioriteit toekent en mensen en middelen vrijmaakt voor Six Sigma en uiteindelijk de eindverantwoording draagt voor de resultaten van alle verbeterprojecten.

Tollgates Beslispunt in een verbeterproject die moet worden gecompleteerd alvorens verder te gaan. Dit gebeurt in een tollgate-review waarbij de projectsponsor beslist over verdere projectstappen.

Variatiereductie Streven om de afwijking van streefwaarden te verkleinen. De aanname hierin is dat hoe constanter en gelijker processen en producten worden gemaakt, hoe nauwkeuriger kwaliteit en prestaties kunnen worden gegarandeerd.

Verbeterproject Project waarin binnen een afgebakende periode (van bij voorkeur zes maanden) een structureel probleem door een werkgroep met de DMAIC-cyclus wordt geanalyseerd en structureel wordt opgelost.

Yellow Belt Six Sigma-rol voor lid van het verbeterteam. Een Yellow Belt heeft uitvoerende ervaring en kennis van het desbetreffende proces dat verbeterd wordt en basiskennis van Six Sigma.

BIJLAGE 2 LITERATUUR

GEBRUIKTE LITERATUUR

- Chowdhury, S., *De kracht van Six Sigma.* Pearson Education, Amsterdam, 2001.

- Eckes, G., *Six Sigma for Everyone.* Wiley, New York, 2003.
- Eckes, G., *Making Six Sigma Last: Managing the Balance between Cultural and Technical Change.* Wiley, New York, 2001.
- Eckes, G., *The Six Sigma revolution: How General Electric and Others turned Process into Profits.* Wiley, New York, 2000.
- George, M., D. Rowlands, B. Kastle, *Wat is Lean Six Sigma? Sneller en slimmer werken met beter resultaat.* Thema, Zaltbommel, 2005.
- Palmer, B., *Making Change Work: Practical Tools for Overcoming Human Resistance to Change.* ASQ Quality Press, Milwaukee, WI, 2003.
- Pande, P., L. Holpp, S. van Gelder, *Werken met Six Sigma.* Kluwer, Deventer, 2002.
- Zinkgraf, S., *Six Sigma, The first 90 days.* Prentice Hall, Upper Saddle River, 2006.
- http://www.motorola.com/motorolauniversity.jsp.
- http://www.iSixSigma.com.

IK WEET HELEMAAL NIETS VAN SIX SIGMA EN WIL NIET VEEL LEZEN MAAR WEL SNEL INZICHT KRIJGEN

- Chowdhury, S., *De kracht van Six Sigma.* Pearson Education, Amsterdam, 2001.
- Pande, P., L. Holpp, S. van Gelder, *Werken met Six Sigma.* Kluwer, Amsterdam, 2002.

IK VIND DAT MIJN BAAS SIX SIGMA MOET OPPAKKEN MAAR HIJ KENT HET NIET. WAT LAAT IK HEM LEZEN?

- Chowdhury, S., *De kracht van Six Sigma.* Pearson Education, Amsterdam, 2001.
- Eckes, G.m *The Six Sigma Revolution: How General Electric and Others turned Process into Profits*. Wiley, New York, 2000.
- Oosterhoorn, A., Six Sigma een wilstoestand. In: *HIKZ* 1.27.

IK BEN/WORD PROGRAMMALEIDER EN WIL WETEN HOE IK HET AANPAK

- Eckes, G., *Making Six Sigma Last: Managing the Balance between Cultural and Technical Change.* Wiley, New York, 2001.
- Eckes, G., *The Six Sigma Revolution: How General Electric and Others turned Process into Profits*. Wiley, New York, 2000.
- Zinkgraf, S.A., *Six Sigma: The First 90 Days*. Prentice Hall, Upper Saddle River, 2006.

IK BEN/WORD BLACK BELT EN WIL WETEN WELKE BOEKEN IK MOET LEZEN

- Blanchard, K., S. Bowles, *Gung Ho!*. Contact, Amsterdam, 2002.
- Eckes, G., *Six Sigma for Everyone.* Wiley, New York, 2003.
- Eckes, G., *Making Six Sigma Last: Managing the Balance between Cultural and Technical Change.* Wiley, New York, 2001.
- Eckes, G.m *The Six Sigma Revolution: How General Electric and Others turned Process into Profits*. Wiley, New York, 2000.
- Goldratt, E.M., J. Cox, *Het doel*. Het Spectrum, Utrecht, 1998.
- Wheeler, D.J., *Understanding Variation: The key to Managing Chaos*. SPC Press, Knoxville, Tennessee, 1999.
- Zinkgraf, S.A., *Six Sigma: The First 90 Days*. Prentice Hall, Upper Saddle River, 2006.

IK BEN/WORD BLACK BELT EN ZOEK DE BESTE SIX SIGMA-NASLAGWERKEN

- Breyfogle III, F.W., *Implementing Six Sigma: Smarter Solutions Using Statistical Methods*. Wiley, New York, 2003.

- Montgomery, D.C., *Design and Analysis of Experiments.* Wiley, New York, 2004.
- Oosterhoorn, A.D., *111 instrumenten voor kwaliteitsverbetering: ingedeeld volgens de Six Sigma-verbetercyclus*. Kluwer, Deventer, 2004.
- Pyzdek, T., *The Six Sigma Handbook: The Complete Guide for Green Belts, Black Belts, and -Managers at All Levels*. McGraw-Hill, New York, 2003.
- www.iSixSigma.com.

IK BEN/WORD GREEN BELT EN WIL WETEN WAAR IK REKENING MEE MOET HOUDEN

- Eckes, G.m *The Six Sigma Revolution: How General Electric and Others turned Process into Profits*. Wiley, New York, 2000.
- Wheeler, D.J., *Understanding Variation: The key to Managing Chaos*. SPC Press, Knoxville, Tennessee, 1999.
- Zinkgraf, S.A., *Six Sigma: The First 90 Days*. Prentice Hall, Upper Saddle River, 2006.

IK MOET SIX SIGMA INTERN VERKOPEN EN ZOEK ARGUMENTEN OM ANDEREN MEE TE OVERTUIGEN

- Chowdhury, S., *De kracht van Six Sigma.* Pearson Education, Amsterdam, 2001.
- Eckes, G.m *The Six Sigma Revolution: How General Electric and Others turned Process into Profits*. Wiley, New York, 2000.
- Eckes, G., *Making Six Sigma Last: Managing the Balance between Cultural and Technical Change.* Wiley, New York, 2001.
- Kotter, J., H. Rathgeber, *Onze ijsberg smelt*! Business Contact, Amstserdam, 2006.

BIJLAGE 3 SIX SIGMA LEIDERSCHAPS-SELFASSESSMENT

Gebruik dit selfassessment om uw eigen leiderschapsrol in een Six Sigma-veranderproces te evalueren. Beantwoord hiervoor de bijgaande vragen en scoor uw prestaties. Betekenis van de scores:

10	(Bijna) altijd	4	Soms
8	Meestal	2	Zelden
6	Regelmatig	0	Nooit

Verandering leiden						
Ik zoek en ondersteun procesverbeteringen die de kwaliteit van onze prestaties verbeteren.	10	8	6	4	2	0
Ik zoek verbetering via Six Sigma en elimineer redenen om het te ontwijken.	10	8	6	4	2	0
Ik vraag rigoureus en ongelimiteerd naar de huidige stand van zaken en prestaties.	10	8	6	4	2	0
Ik laat in woord en daad zien wat de kracht van Six Sigma is en beslis zelf op basis van data en feiten.	10	8	6	4	2	0
Ik bevorder dat het management (ikzelf inclusief) is getraind in Six Sigma.	10	8	6	4	2	0
Ik delegeer en maak medewerkers verantwoordelijk voor prestatieverbeteringen en verbeterprojecten.	10	8	6	4	2	0
Totale score (som van antwoorden)						
Gemiddelde score (totale score gedeeld door aantal vragen)						

Een gedeelde noodzaak creëren

Ik zorg voor data die aantonen dat we Six Sigma nodig hebben om beter te worden.	10	8	6	4	2	0
Ik draag uit dat er urgentie is om met behulp van Six Sigma grote verbetering te bewerkstelligen.	10	8	6	4	2	0
Ik laat via mijn eigen gedrag zien dat kwaliteit en Six Sigma belangrijk zijn.	10	8	6	4	2	0
Ik draag uit dat proces- en productverbetering een cruciale voorwaarde is voor klanttevredenheid.	10	8	6	4	2	0
Totale score (som van antwoorden)						
Gemiddelde score (totale score gedeeld door aantal vragen)						

Een visie hebben en vormen

Ik bepaal rollen en verantwoordelijkheden die nodig zijn om onze Six Sigma-doelen te halen.	10	8	6	4	2	0
Ik communiceer de visie van onze organisatie op een duidelijke en motiverende wijze.	10	8	6	4	2	0
Ik vertaal de missie van onze organisatie in relevante en uitdagende doelstellingen die mijn medewerkers begrijpen en kunnen nastreven.	10	8	6	4	2	0
Ik stel eerlijke, uitdagende en tijdgebonden doelen voor Six Sigma, zowel voor mijzelf als voor anderen.	10	8	6	4	2	0
Ik communiceer hoe activiteiten en verbeterprojecten bijdragen aan het bereiken van de visie.	10	8	6	4	2	0
Totale score (som van antwoorden)						
Gemiddelde score (totale score gedeeld door aantal vragen)						

Commitment mobiliseren

Ik straal energie uit en geef dat door aan anderen.	10	8	6	4	2	0
Ik zorg dat anderen enthousiast worden voor verandering met behulp van Six Sigma.	10	8	6	4	2	0
Ik bouw aan een netwerk van mensen die gemotiveerd zijn om Six Sigma succesvol te maken.	10	8	6	4	2	0
Ik ben in staat weerstand tegen Six Sigma in de kiem te smoren en die energie ten goede te laten komen aan het verbeterprogramma.	10	8	6	4	2	0
Ik communiceer Six Sigma-successen en geef aan wat het belang van de organisatie en onze klanten is voor Six Sigma-verbeteringen.	10	8	6	4	2	0
Totale score (som van antwoorden)						
Gemiddelde score (totale score gedeeld door aantal vragen)						

Zorgen dat verbetering een primair proces wordt

Ik demonstreer en communiceer het continue karakter en commitment voor Six Sigma.	10	8	6	4	2	0
Ik beleg verantwoordelijkheden zodanig dat Six Sigma blijvend geïnstitutionaliseerd wordt.	10	8	6	4	2	0
Ik plan en besteed mijn eigen tijd en energie aan het institutionaliseren en continueren van Six Sigma.	10	8	6	4	2	0
Ik zorg dat locale Six Sigma-successen herhaald worden in andere delen van de organisatie.	10	8	6	4	2	0
Totale score (som van antwoorden)						
Gemiddelde score (totale score gedeeld door aantal vragen)						

Voortgang in de gaten houden

Ik verzamel en communiceer informatie over de voortgang van Six Sigma ten opzichte van onze doelen.	10	8	6	4	2	0
Ik werk door het stellen en behalen van doelen, KPI's, benchmarks en mijlpalen.	10	8	6	4	2	0
Ik stel mensen verantwoordelijk voor het maken van voortgang met Six Sigma en controleer dit.	10	8	6	4	2	0
Ik druk opbrengsten van Six Sigma-verbeteringen uit in geld en bepaal hun waarde ten opzichte van de kosten.	10	8	6	4	2	0
Totale score (som van antwoorden)						
Gemiddelde score (totale score gedeeld door aantal vragen)						

Systemen en structuren veranderen

Ik zorg ervoor dat systemen en structuren worden ingezet om Six Sigma te institutionaliseren.	10	8	6	4	2	0
Ik zorg ervoor dat opleidingsprogramma's en ontwikkeltrajecten Six Sigma institutionaliseren.	10	8	6	4	2	0
Ik zorg ervoor dat managementdevelopment en managementbenoemingen criteria bevatten in termen van Six Sigma-competenties en -ervaring.	10	8	6	4	2	0
Ik zorg ervoor dat de beloning- en bonusstructuren zodanig worden aangepast dat ze Six Sigma-verbeteringen stimuleren en versnellen.	10	8	6	4	2	0
Ik gebruik bestaande of maak nieuwe communicatiekanalen om Six Sigma-successen uit te dragen.	10	8	6	4	2	0
Ik zorg voor mensen en middelen om Six Sigma-veranderingen door te kunnen voeren.	10	8	6	4	2	0
Totale score (som van antwoorden)						
Gemiddelde score (totale score gedeeld door aantal vragen)						

TREFWOORDEN